INTELIGENCIA ASERTIVA

Edición: Gonzalo Marín y Thania Aguilar
Ilustración de tapa: Diego Schtutman/Shutterstock.com
Coordinación de diseño: Marianela Acuña
Diseño: Florencia Amenedo

© 2007 Javiera de la Plaza Cortínez
© 2019 VR Editoras, S. A. de C. V.
www.vreditoras.com

Dakota 274, colonia Nápoles, C. P. 03810,
alcaldía Benito Juárez, Ciudad de México.
Tel.: 55 5220–6620 · 800–543–4995
e-mail: editoras@vreditoras.com.mx

Primera edición
Segunda reimpresión: agosto de 2025

Todos los derechos reservados. Prohibidos, dentro de los límites establecidos por la ley, la reproducción total o parcial de esta obra, el almacenamiento o transmisión por medios electrónicos o mecánicos, las fotocopias o cualquier otra forma de cesión de la misma, sin previa autorización escrita de las editoras.

ISBN: 978-607-8712-11-3

Hecho en China.

JAVIERA DE LA PLAZA

INTELIGENCIA ASERTIVA

Cómo, cuándo y dónde
expresar lo que piensas

*A mis hijos Nicolás y Constanza, de quienes me llenaría
de alegría que recibieran estos simples aprendizajes
directamente de su mamá, que los ama profundamente
y respeta en sus diferentes estilos.*

ÍNDICE

Palabras y reflexiones iniciales 9

Asertividad: en busca del equilibrio 15
¿Qué es ser asertivo? 19
Conducta péndulo: de la sumisión a la agresividad 21
Profecías autocumplidas 27
Imagen propia *versus* espejo social 37
Asertividad y diferencias económicas... 45
Nuestro cuerpo somatiza y paga las consecuencias 49
Adiós al estrés 55
Soy tímida, soy tímido 63
Agresividad *versus* derechos de los demás 73
Cómo ayudarse frente a personas agresivas 81
Asumamos nuestro cuerpo 85
La mejor cirugía: seguridad personal 89
La asertividad, una habilidad que se aprende 93
Derechos asertivos 99
Percepción social 103
Simplemente no... 111
Asertividad y competencia 115
Padres y adolescentes 121
La enseñanza de los afectos 135
Ser adolescente 143

Cómo comunicarnos con los *tweens* 147
Niños asertivos 155
Asertividad en pareja 159
Cuando el amor provoca sufrimiento
y dependencia psicológica 165
La separación y los hijos 169
Asertividad y ambiente laboral 173
Adulto mayor y asertividad 185
Los afectos y la empatía 193
Llorar limpia los ojos y el alma 201
Asertividad y toma de decisiones 205
Asertividad y consideración de contexto 211
Duelo, asertividad y resiliencia 215
Mujeres y hombres asertivos 219
Mundo interior 223
Sentido del humor y asertividad 227
Asertividad y deporte 231
¿Quieres saber cuál es tu grado de asertividad? 235
Qué se gana y qué se pierde actuando asertivamente 241
Recapitulación 247
Entrenamiento asertivo 250

Glosario 253

PALABRAS Y REFLEXIONES INICIALES

Uno de los rasgos distintivos de la sociedad actual es la marcada diferencia con la que sus individuos enfrentan el medio social en el que interactúan. Una de las formas conceptuales con que la psicología define el comportamiento comunicacional de las personas es la asertividad. En pocas palabras, se refiere a la capacidad para comunicarse, expresar ideas, opiniones, puntos de vista y sentimientos de una manera clara, precisa y desenvuelta sin atropellar a los demás. Es precisamente a esta forma de comunicación a la que nombro inteligencia asertiva.

Las definiciones son diversas para referirse al constructo de *inteligencia*. Algunas de ellas son el *coeficiente intelectual* (CI), la *capacidad de abstracción* y *la inteligencia emocional*. Aprender a utilizar la comunicación como un medio para expresar mensajes a los demás, con la menor cantidad posible de interferencias y de una manera eficaz y respetuosa, con la que el individuo que la practica obtiene (la mayoría de las veces) un sentimiento de bienestar personal, puede ser considerada una clase de inteligencia.

La forma como se enfrenta este tema, tanto desde la perspectiva individual como social, es fundamental al momento de pretender alcanzar un desarrollo humano pleno y una sociedad de personas felices, contentas consigo mismas y con los demás. Las disfunciones comunicacionales, determinadas por la falta de asertividad, pueden causar problemas esenciales en la vida de un individuo y, como efecto en cadena, en la sociedad en su conjunto.

La asertividad es un concepto que nació en Estados Unidos a finales de los años sesenta y principios de los setenta, como una herramienta de autoayuda en la comunicación. En un primer momento se puso énfasis en los derechos personales relacionados con enseñar a poner límites, a saber decir que no y, en definitiva, a ser personas seguras y autoafirmativas.

Poco a poco comenzaron a verse resultados que, en un principio, no fueron gratos para la convivencia. Básicamente porque la asertividad, en muchas ocasiones, produjo roces en la comunicación cotidiana, pues se enfocaba excesivamente en la defensa de los derechos personales, pero se alejaba de la consideración del otro y de sus derechos afectivos.

En este contexto surgieron autores como Lange y Jakuwosky. Ellos introdujeron el factor de respeto frente al otro, que posteriormente incluyó la participación de la deferencia y la consideración hacia los demás. Como resultado, la asertividad fue bastante más humanizada y grata al momento de ser puesta en práctica.

El concepto de asertividad que se presenta en este libro, y que corresponde al modo en que trabajo tanto como psicóloga clínica como en la realización de entrenamientos asertivos, persigue un objetivo final: estar en paz y alcanzar una mejor convivencia con uno mismo y con los demás. De manera permanente, aquí se maneja el tema de la seguridad personal para lograr romper el hábito de compararse todo el tiempo con los otros y abandonar los estereotipos de éxito. La idea es dejar de ser tan gregarios (cuando esto tiene como fin suplir inseguridades personales) y actuar de la forma en la que cada individuo se sienta seguro y con la libertad de decidir cómo enfocar su vida para lograr su realización como ser humano.

El motivo de este libro es difundir, de la manera más sencilla y práctica posible, el concepto de comunicación asertiva y presentarlo como un elemento diferenciador y facilitador para las relaciones interpersonales en nuestra sociedad. De esta forma, la idea es mostrar un estilo de comunicación en pos del desarrollo de seres humanos más contentos consigo mismos. Esto último contribuye a la unión familiar y, en consecuencia, a que se pueda producir una sociedad más amistosa, directa, distendida y con menos conflictos interpersonales.

Este mismo efecto de armonía en el vivir involucra a todos aquellos campos en los que se desenvuelve un sujeto. Por ejemplo, las organizaciones y el sistema social en general. Es de vital importancia que un individuo pueda manejarse asertivamente tanto en su vida personal como en sus relaciones laborales, profesionales y ciudadanas.

Uno de los objetivos centrales de estas páginas es entregar información que ayude a comprender y reformular ciertos patrones comunicacionales en nuestra sociedad para diferenciar una conducta asertiva del modelo vigente dominante. Este último se relaciona estrechamente con la comparación con otros y la pérdida de valores fundamentales para una convivencia humana afectiva y solidaria con nuestro prójimo.

En los capítulos se presentan herramientas prácticas para lograr estos fines, que son accesibles a personas de diferentes niveles intelectuales, de escolaridad y de las más diversas características individuales. Lo que se persigue es que quienes lean este libro adquieran instrumentos elementales para optimizar su calidad de vida, tanto a través de un mejoramiento en su estilo de comunicación, como en el respeto manifestado hacia sí mismos y hacia los demás.

Por lo tanto, este no es tan solo un texto informativo acerca de la teoría de la asertividad, también está concebido como un instrumento que permitirá al lector caracterizar su conducta personal. Es una guía permanente para explorar nuevos comportamientos individuales.

En los primeros capítulos se explica el concepto de asertividad y los diversos tipos de conductas, o comportamientos, que se relacionan con ella. Luego se analiza el tema de la asertividad desde el punto de vista de los distintos grupos que componen nuestra sociedad: padres e hijos, parejas, jefes y subalternos, adultos mayores, etc. En cada caso se incluyen conceptos destacados, esquemas y ejemplos que facilitan la comprensión del tema y lo hacen más cercano.

Su público objetivo son personas de ambos sexos y todas las edades, sin importar su grado de instrucción formal o escolaridad. Únicamente basta que estén interesadas en mejorar su calidad de vida, por medio del crecimiento personal que se logra al desarrollar una mayor autoestima y la capacidad de decidir qué hacer y decir en cada momento comunicacional. De esa forma se puede lograr la satisfacción personal y, a la vez, una convivencia más cálida y afectiva con los demás.

Esta definición incluye a aquellas personas interesadas en perder inhibición social, timidez y trabas comunicacionales en general, para de esta manera relacionarse mejor con quienes las rodean. También incluye a hombres y mujeres que, sin carecer de desenvoltura, necesitan una guía para conducirse de una manera más directa y respetuosa con sus seres cercanos, de tal forma que sus mensajes lleguen de manera más clara.

Para lograr los objetivos que se han propuesto en estas páginas, se ha optado por un lenguaje coloquial y directo. Dada su estructura, el libro da la posibilidad de poner en práctica las técnicas descritas, para lo cual se entregan elementos concretos, de fácil comprensión, manejo y aplicación. No se necesita de un manual adicional: solo se requiere motivación por el tema de la comunicación y valentía para utilizar lo que se propone como un recurso psicológico que nos permiten ampliar y simplificar la gran herramienta comunicacional que poseemos todos los seres humanos.

Javiera de la Plaza

ASERTIVIDAD: EN BUSCA DEL EQUILIBRIO

¿Cuántas veces te has sorprendido diciendo "sí", cuando lo que quieres decir realmente es "no"? ¿Y al revés? Esta situación es mucho más habitual de lo que podemos imaginar en un primer momento.

Basta hacer un simple ejercicio: detente un par de minutos para pensar y enumerar las ocasiones en las que has experimentado algo parecido en las últimas veinticuatro horas. Si respondes con sinceridad, lo más probable es que no dejes de asombrarte.

Y esas respuestas equívocas no se han producido porque seas una persona mentirosa, ni siquiera poco sincera. Es solo una cuestión de costumbre. De mala costumbre. "No quiero ser pesado", "no quiero parecer descortés", "total ¿qué me cuesta?",

"¿y si se enoja?", "para lo poco que le importa lo que yo opine...", "puedo quedar como tonto", "en boca cerrada no entran moscas"... Las anteriores son algunas de las miles de excusas, en apariencia totalmente válidas, que podemos encontrar para justificarnos ante nosotros mismos y, ¡para qué decir!, delante de los demás. Pero lejos de ser efectivas, en realidad son reacciones adversas que se vuelven contra quien las toma, como un verdadero búmeran.

Lo habitual es que la persona no se dé cuenta de cómo esta actitud afecta en lo más profundo de su vida. Sensaciones de angustia, de impotencia, de rabia, de depresión, de inseguridad y de agresividad consigo misma son el resultado de la acumulación de estas reacciones, que en psicología se conocen como falta de asertividad.

Tampoco se trata de pasarse al polo opuesto. No faltan los que, al tratar de ocultar una gran timidez o de evitar que se aprovechen de ellos, reaccionan de manera totalmente contraria. Palabras cortantes, expresiones duras y hasta elevación en el tono de la voz, a menudo reflejan una tremenda inseguridad, más que una personalidad fuerte y avasalladora.

En ambos casos, el resultado es el mismo: personas poco contentas con ellas mismas. Unas por no lograr decir lo que realmente quieren y otras por sentirse aisladas y poco queridas.

Para alcanzar un equilibrio entre ambos extremos —sumisión y agresividad— lo más indicado es tratar de tener una conducta asertiva. En pocas palabras: acostumbrarnos a decir lo que sentimos y pensamos en el momento adecuado, con las palabras apropiadas y sin aprovecharnos de los demás.

Para algunos esto puede parecer demasiado obvio. Para otros, demasiado complicado. Cualquiera que sea tu posición, la sugerencia es leer las páginas siguientes con atención y con la mayor honestidad posible con lo que se guarda en esa caja de Pandora en que suelen esconderse, o refugiarse, los sentimientos. Al menos, hasta que se aprende a descifrarlos como corresponde.

¿Por qué hacerlo? Simple. Para ser más felices. Para mirarnos al espejo y ver allí la imagen de una persona contenta, satisfecha consigo misma y segura. Una persona confiada en que cualquier cosa que diga la conducirá por el camino de la congruencia interna y la realización personal.

Un camino que, a la larga, da muchas más satisfacciones que cualquier logro profesional o material, pues hablamos de alcanzar un alto grado de bienestar personal y disfrute de la vida. Y cuando realmente lo hacemos, ello se traduce en la existencia de individuos alegres, capaces de transmitir esa sensación a las personas cercanas.

Entonces, podemos deducir que por esta vía se contribuye a generar familias más armoniosas. Esto se relaciona directamente con el concepto de círculos virtuosos: gracias a la constante puesta en práctica de algunos comportamientos, finalmente estos crean especies de cadenas o procesos evolutivos ascendentes que van desde lo positivo hacia lo más positivo, generando importantes gratificaciones para las personas. Al tener comportamientos asertivos, se van creando de manera casi automática nuevos climas positivos en otras áreas y con otras personas. Los círculos virtuosos son lo opuesto a los círculos viciosos negativos. es decir, cuando el comportamiento de los individuos, y por lo tanto sus consecuencias, van progresivamente de mal en peor.

Lo ideal sería seguir ampliando el círculo virtuoso hasta llegar a tener amigos, compañeros de trabajo o de estudio más abiertos a la comunicación. Y, ¿por qué no?, a una sociedad más espontánea.

Comprendemos la felicidad como un estado afectivo que podemos alcanzar los seres humanos que deseamos vivir en un mundo mejor. Estamos dispuestos a utilizar herramientas que nos permitan convivir, pero de una manera más sincera, directa y con menos miedo al qué dirán.

¿QUÉ ES SER ASERTIVO?

Lo primero es contestar: ¿qué se entiende por asertividad? Se puede partir diciendo lo siguiente.

La asertividad es un estilo de comunicación que permite expresar pensamientos, sentimientos y opiniones en el momento oportuno de manera desenvuelta, sin experimentar nerviosismo y considerando los derechos propios y de los demás.

En la práctica, esto supone el desarrollo de diversas cualidades que todos tenemos, pero que no siempre cultivamos. Resumiéndolas, podemos decir que se trata de:

- Expresar deseos y sentimientos, tanto placenteros como displacenteros, de forma directa, sin negar o menospreciar los derechos de los otros y sin crear o sentir inhibición o ansiedad desadaptativa (que impida relacionarse con los demás).

- Diferenciar entre la aserción, la agresión y la sumisión, tres diferentes formas de reaccionar que analizaremos más adelante.
- Distinguir las ocasiones en que la expresión personal es importante y adecuada.
- Defenderse, sin agredir ni ser pasivo, frente a conductas de otros que consideremos poco cooperativas, inapropiadas o poco razonables.
- Estar conscientes de que tenemos derechos y debemos respetarlos para no dejarnos avasallar como personas.

Aquí surge otra pregunta: ¿qué ganamos con estas actitudes? La respuesta es dos pilares fundamentales para el apropiado desarrollo de la personalidad. Por un lado, reforzar el autorrespeto y aumentar la confianza y seguridad en uno mismo. Por otro, mejorar las relaciones interpersonales, la aceptación y el respeto de los que nos rodean, pues se reconoce nuestra capacidad de reafirmar los derechos individuales. Estos, a su vez, ayudan a aumentar la propia confianza y el posicionamiento frente a los demás.

CONDUCTA PÉNDULO: DE LA SUMISIÓN A LA AGRESIVIDAD

Para comprender mejor qué conlleva una comunicación asertiva, abierta y desenvuelta, es preciso diferenciarla de la sumisión y de la agresividad. Ciertamente, una es muy distinta de la otra. Pero también es cierto que, muchas veces, vamos de una a otra. Cuando esto sucede se produce lo que se denomina *conducta péndulo*. Veamos cómo ocurre.

Las personas asertivas respetan sus derechos y los de otros, mientras que las sumisas respetan los derechos de los demás, pero no los propios. El ejemplo más típico está al comienzo de este libro: decir "sí" cuando se quiere decir "no". Otra actitud que refleja sumisión es no saber cómo poner límites apropiados a los otros.

También podemos incluir en estos ejemplos situaciones como

evitar expresar críticas o explicitar puntos de vista diferentes por temor o inhibición, o por no querer parecer conflictivos, peleadores o poco gratos. Estas son las personas sumisas que, irremediablemente, con el tiempo terminan siendo agresivas o explosivas, o, en su defecto, enferman su propio cuerpo.

Por lo general, las personas sumisas son así porque en el fondo buscan aprobación y cariño. El problema es que el "recipiente" interno se va llenando. Los sentimientos íntimos se esconden y, finalmente, comienzan a funcionar como una verdadera "olla de presión" que, cuando menos lo esperamos, explota. Y entonces viene el destape, que la mayoría de veces deja heridos en el camino y afecta con severidad a la misma persona que explotó, quien termina sintiéndose muy mal consigo misma.

En síntesis, un individuo sumiso, sin darse cuenta, va guardando sensaciones de frustración por no poder expresar lo que quiere. Así es como se va lleno de malestares e incomodidades consigo mismo, hasta que la presión interna alcanza tal nivel que un estímulo —que en otras ocasiones no le habría afectado en lo más mínimo, como una simple mala cara o una momentánea falta de atención— lo hace estallar estruendosamente.

Es común que este tipo de reacción impulsiva violenta al que la recibe y pueda herir mucho su autoestima. Un ejemplo que se ve a cada instante son las peleas de parejas. En ellas, los temas irresueltos se guardan por años hasta que algo ínfimo desata una discusión en la cual uno de los dos, o ambos, vacía su contenido histórico acumulado: penas, rabias, sentimientos de desilusión, despecho, menoscabo. Es el típico caso de cómo la sumisión (entendida como la acción de inhibir u ocultar contenidos durante años para no pelear o ser desagradables) conduce a la agresividad o a la impulsividad extrema e hiriente.

Cuando afirmamos que la asertividad implica decir lo que se siente o piensa en el momento y de la forma adecuada, se sostiene que esta conducta trata de evitar desenlaces como el descrito.

A veces, una discusión de la pareja se produce porque uno (o ambos) dice lo que piensa y que había callado por meses o tal vez años. Quizás esta explosión, con todos sus efectos negativos, no se habría producido si las cosas se hubieran hablado en el momento oportuno.

Hay que tener presente que la asertividad no está relacionada, necesariamente, con una comunicación del tipo "pensamiento hablado" o inmediato. Muchas veces, abstenerse es la conducta más adecuada en un determinado momento. Y esto es lo que ocurre cuando uno está seguro de que, independientemente de lo que se diga o se calle, nada cambiará.

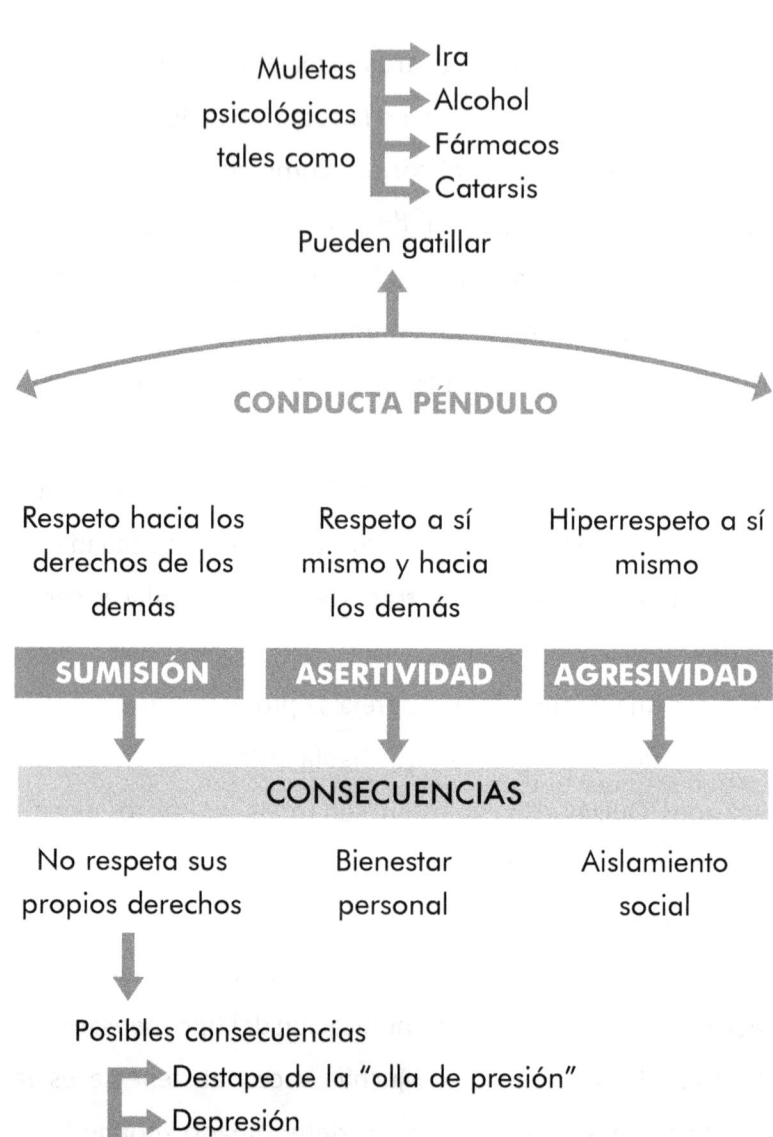

O cuando se sabe que lo que se diga no será recibido de la mejor manera en ese momento específico (puede que los ánimos estén muy encendidos y, por lo tanto, lo más probable sea que nuestro mensaje rebote).

Ahora podemos referirnos a la llamada conducta péndulo, que es la que manifiesta la mayoría de las personas.

La conducta péndulo está definida por el paso de la sumisión a la agresividad, sin pasar por el término medio, que es la asertividad.

Un ejemplo cotidiano de este tipo de conducta se ve en nuestra sociedad cuando un individuo deja que lo atropellen en la fila en un supermercado, cuando no reclama frente a compras insatisfactorias, cuando recibe tratos inadecuados en su lugar de trabajo y debe callar... Pero basta que esa persona, después de estas situaciones incómodas o humillantes, se suba al auto para que su conducta se vuelva agresiva y violenta. Con ello se transforma en un sujeto temerario para los demás. En este caso podemos observar una oscilación pendular: de un extremo conductual al otro.

Solo en algunos casos, la conducta péndulo puede ir en la dirección contraria: es decir, de la agresividad a la sumisión. Esto puede suceder por la repetición de sanciones sociales que recibe una persona al comportarse de forma agresiva.

PROFECÍAS AUTOCUMPLIDAS

Además de los problemas ya descritos que causan este tipo de actitud, hay que agregar que la persona sumisa está muy predispuesta a la depresión y al estrés. Se entiende este tipo de depresión como *reactiva*. Es decir, que tiene explicación psicológica (no endógena). Por lo tanto, es tratable, modificable y mejorable, ya que está relacionada con factores comprensibles, tales como pérdidas importantes –desvalorizaciones personales, baja autoestima, pobre concepto de sí mismo– que se arrastran a través de los años.

La depresión puede presentarse de leve a aguda. Comienza a manifestarse por medio de una pérdida de confianza en sí mismo y, por ello, la autoimagen se deteriora. Viene entonces la desilusión del individuo consigo: empieza a no gustarse y va generando una serie de pensamientos del tipo "no me va a resultar", "no voy a poder", "soy aburrido", "no tengo chispa", "nunca seré entretenido para los demás". Son las *profecías autocumplidas*. En síntesis, nada me resulta o todo me sale mal porque así lo definí con anterioridad. Es un hecho conocido: ningún atleta gana una competencia si comienza convencido de que va a perder.

Es tal la fuerza e influencia de nuestros pensamientos en nuestra conducta, que muchas veces pavimentamos mentalmente el camino a seguir y definimos de antemano las consecuencias de nuestros actos. En demasiadas ocasiones partimos predispuestos al fracaso. Lo bueno de todo esto es que también puede darse lo contrario: partir predispuestos al éxito.

Podemos estar seguros de que cualquier actividad impulsada por este sentimiento tendrá resultados positivos. Y si bien esto no nos asegura un éxito cien por ciento, nos prepara desde el punto de vista motivacional para estar en las mejores condiciones de emprender las tareas que se nos presentan.

La asertividad tiene diferentes componentes y se expresa en diversas áreas: una persona puede funcionar bien en un ámbito de su personalidad, pero no en otro. Por ejemplo, alguien consigue desenvolverse muy bien en su trabajo, pero tiene una gran inhibición en su vida de pareja. El típico caso es cuando un hombre es una especie de rey intocable en su oficina, al que todos obedecen ciegamente, pero basta que llegue a su casa para que su comportamiento se vuelva tan sumiso que no sea capaz de defender sus puntos de vista frente a sus hijos o su mujer y acepte malos tratos, faltas de respeto o respuestas sarcásticas y no sea capaz de reaccionar. O quizás otra persona manifieste pensamientos adecuados, pero la forma en que los expresa sea inadecuada. Como también puede ser que en sus pensamientos existan algunos errores o distorsiones que le hagan reaccionar exageradamente frente a algunos temas.

Comenzaremos refiriéndonos a los *pensamientos o cogniciones*, y a la importancia que tienen en nuestras conductas o estados de ánimo. Las cogniciones las vamos almacenando en una especie de "caja negra" que existe en nuestra mente. Son el procesamiento interno de la información que tenemos las personas y pueden adoptar al menos una de estas modalidades: autoverbalizaciones, imágenes y olores (también sonidos y otros).

Estas cogniciones o tipos de pensamientos se van conjugando y, finalmente, por economía mental, se conforman en esquemas mentales instaurados firmemente y, la mayoría de las veces, sin cuestionamientos de quien los posee. Estas pueden ayudarnos a ver y a actuar en la vida de manera asertiva o, por el contrario, perjudicarnos y debilitar nuestra autoestima, haciendo que nos comportemos de manera sumisa e insegura.

Así es como nos topamos con las "profecías autocumplidas". Estas están dadas por pensamientos o ideas irracionales que acompañan a todas las personas y pueden identificarse fácilmente por su gran cantidad de absolutivos semánticos (frases que suenan como "verdades absolutas"). Por ejemplo: "*Nunca* puedo hacer bien nada" o "las personas *siempre* se aburren conmigo". En general, son ideas muy castigadoras y dañinas para uno mismo, pues se filtran silenciosamente en el pensamiento y no las cuestionamos, lo que conduce a un desenlace previsto, en el sentido negativo o inhibidor de la conducta.

Si cada vez que cometemos un error o nos equivocamos nos decimos internamente "soy un/a tonto/a", nos vamos creyendo, poco a poco, personas menos aptas en relación con otras y, por ende, generamos una vivencia interior de menoscabo o desvalorización personal.

Un ejemplo clásico es cuando se tiene que hacer una presentación frente a una audiencia, lo que significa un gran costo psicológico. Una posibilidad es tomar la situación diciéndose mentalmente: "Creo que me va a salir pésimo, que me voy a poner nervioso, todo el mundo se va a dar cuenta de que me faltaba información acerca del tema y voy a hacer el ridículo". Lo más probable es que estos pensamientos se confirmen en la práctica, pues cuando uno se dice a sí mismo "esto me va a salir mal" y se lo repite muchas veces, se está pavimentando el camino para el fracaso y no para el éxito.

En síntesis, debido a una inseguridad personal nos formamos una mala opinión de nosotros mismos, la archivamos de forma automática y la seguimos incorporando a nuestra autoimagen como si fuera realidad. Este es también un sentimiento que se trasluce y al final los demás llegan a percibir lo mismo y a perder la confianza en nosotros. **Es sabido que las personas que se sienten atractivas, valiosas, inteligentes y simpáticas son percibidas, en general, de la misma manera por los demás.** O si no, por lo menos sí como individuos atractivos en su modo de ser, aun cuando algunas de estas "cualidades" no resistan un mínimo análisis.

Las profecías autocumplidas conducen a un círculo vicioso negativo: a mayor depresión, menores son los deseos de buscar soluciones. De esta manera es fácil llegar al extremo de estructurar una personalidad depresiva, que se puede graficar como aquella que se fija solo en la mitad vacía del vaso.

Aparte de la sensación de desencanto con la vida, quien sufre de depresión puede fácilmente abandonarse respecto a su cuerpo: dejarse engordar, descuidar su aspecto personal y refugiarse en una "rumiación". Es decir, en pensamientos recurrentes negativos que no permiten dejar libre la cabeza para otras ideas, lo cual conduce a desconfiar de sí mismo y a bajar la autoestima. Estos sentimientos se presentan de manera obsesiva e interfieren con la vida cotidiana constructiva de los individuos. Finalmente, las personas tienden a sumirse cada vez más en la amargura y en el descontento.

Además de caer en este círculo vicioso que cada día entrega una peor imagen de uno mismo (tanto psicológica como físicamente), el afectado puede llegar a adicciones como el alcohol, la droga o la comida en exceso. Esto se produce porque, como conducta compensatoria a su estado interior insatisfecho o frustrado, la persona busca en elementos externos los medios más rápidos que le permitan alcanzar algún grado de satisfacción a sus pesares. Y muchas de estas conductas nacen por no decir lo que piensa en el momento oportuno, por dejar de realizar actividades placenteras —pero que provocan vergüenza— o debido a que se postergan indefinidamente.

Por ejemplo: ¿te has dado cuenta de que resulta más fácil decir las cosas cuando tenemos mucha rabia? ¿O cuando hemos tomado una copa de más de alcohol? Tanto la adrenalina de la ira como los efectos del alcohol en el cerebro hacen perder parte de la vergüenza y de la inhibición social. El problema es el gran costo que se puede pagar por esas reacciones, ya que por lo general herimos a las personas y, al final, tampoco nos sentimos bien con nosotros mismos.

La depresión es como un túnel que se estrecha y quien está en su interior no toma conciencia de lo que ocurre. A nivel del pensamiento se forman patrones irracionales, esquemas rígidos que no se relacionan con la realidad y la persona se limita en ciertas áreas de su desarrollo personal. Por ejemplo: "A mí nunca me resultan las cosas" o "no soy de las personas exitosas o con personalidad, como se dice"; o la repetida idea de que "nunca voy a cambiar, haga lo que haga".

En este panorama, no hay que dejar de lado las llamadas *depresiones larvadas* o *encubiertas*. Estas afectan a quienes aparentan ser personas que asumen y toleran todo, pero si se escarba en su personalidad, pronto se descubren ideas irracionales, desesperanza y un gran sufrimiento psicológico interior, arrastrado seguramente por mucho tiempo.

En síntesis, la depresión por falta de asertividad se produce porque se ha acumulado mucho peso en la "mochila" que todos llevamos dentro. También sucede por cargar mochilas ajenas y autoabandonarse. Esta sobrecarga es un indicador de sumisión que el afectado no reconoce y sigue actuando como si la vida fuera así.

En este contexto, es habitual la aparición de *ideas irracionales*: tipos de pensamientos que en una primera mirada parecen válidos, pero que al examinarlos con atención resultan poco realistas e injustos con la persona que los experimenta y que, por lo general, se transforman en verdaderas hiperexigencias y trabas en la relación con uno mismo y los demás.

Este tipo de ideas puede combatirse con éxito: *reestructurándose cognitivamente* o, dicho de otra manera, cambiando los "chips psicológicos". Por ejemplo, si uno se encuentra sin gracia o aburrido, puede pedirle a alguien confiable (tercera persona o juez externo) que le diga cómo se comporta cuando está en un grupo. Lo más probable es que le conteste, una vez a solas, que se muestra muy callado. Con esta simple "comprobación empírica" es fácil cambiar su idea irracional de "aburrido" por la de "callado". Esta última conducta es menos dañina para la autoestima y, además, mucho más factible de manejar y de cambiar.

Otro ejemplo: es más fácil darse cuenta de que si se aprende a proponer temas de conversación, lo más probable es que las otras personas también participen o nos den más información naturalmente y, por lo tanto, cada vez será más sencillo hablar con los demás. Con esto se rompe el mito de que uno es pesado o aburrido. Así, para pasarlo mejor basta con algo tan simple como pensar que depende de uno ser más participativo y conversador, sobre todo cuando se está ante un grupo que recién conocemos.

En el caso específico de las mujeres, cabe mencionar que dada la multiplicidad de roles que suelen asumir en la vida actual (mamá, esposa, trabajadora fuera de la casa, con intensa vida social), con frecuencia se transforman en personas autómatas, sometidas a la secuencia trabajo-casa-comida-arreglo-higiene-hijos. Muchas veces no hacen valer su derecho al descanso, a la diversión o a la realización de alguna actividad de su interés. Es como si sintieran que no lo merecen, pues siempre hay un rol que asumir: el que se ha dejado de lado por los otros roles. Si este tipo de mujer se asocia a una pareja agresiva (no física, sino psicológica), el resultado es aún peor. Y lo más grave es que este modelo puede reproducirse con facilidad en los hijos, transformándose en una historia sin fin. Ello no tiene que ver con la genética, sino con la imitación de modelos.

La mayoría de las veces somos lo que pensamos que debemos ser o lo que hemos visto en nuestras familias de origen. Por ejemplo: muchas mujeres se sienten mal por el simple hecho de descansar un rato en su casa y cuando llega la pareja o los hijos, se levantan como un resorte con el fin de "no parecer flojas" y cumplir con el mandato social de recibirlos de buena manera, haciendo y sirviendo la comida, aunque ese haya sido un día tremendamente agotador.

IMAGEN PROPIA *VERSUS* ESPEJO SOCIAL

No hay que ser genio para darse cuenta de que vivimos en una época altamente competitiva y estresante. Para contrarrestarlo, nuestra opción es tratar de hacernos la vida más grata y congruente con lo que cada uno piensa, siente o valora. El punto es ¿cómo podemos hacerlo?

En este contexto, la asertividad es una herramienta que permite ahorrar energías y optar por modelos propios en vez de foráneos para conseguir los grados de libertad que todos por igual merecemos.

Para tener éxito en lo anterior, y con ello mejorar nuestra calidad de vida, es necesario modificar algunos esquemas mentales que la mayoría de quienes convivimos en una sociedad como la nuestra llevamos de forma automática en nuestro interior, sin detenernos a cuestionarlos. Estos esquemas o maneras de pensar nos conducen muchas veces al camino contrario de aquel al que queremos llegar.

Contribuyen a ello, nuevamente, los llamados esquemas cognitivos irracionales y estresores, que son aquellos que nos instan constantemente a ser competitivos, más exitosos, más rápidos, a tener más dinero o prestigio, mayor atractivo personal, más posgrados académicos, mejor físico, mejor estilo para vestirse, una casa más bonita, un auto más moderno.

Todos estos pensamientos-mandatos presionan al interior e inciden en que las personas se "introyecten" o autoimpongan una serie de tareas, actividades y conductas que deben cumplir para poder ser reconocidas y aceptadas en la sociedad. De lo contrario pueden sentirse poco valiosas ante sus propios ojos y ante los de los otros (espejo social).

Es importante agregar que es legítimo ser socialmente competitivo, pero también es legítimo no serlo. Si eres una persona competitiva, bien; pero si no, tienes derecho a comprometerte contigo y decidir ser consecuente con tus propios valores, puntos de vista y objetivos a cumplir, según tus gustos y criterios.

Es importante considerar que difícilmente seremos considerados "moneditas de oro". Entonces, si jamás le vamos a caer bien a todo el mundo o nunca seremos afines a todas las personas, ¿por qué mejor no intentar ser y estar a gusto con nuestro propio estilo? De todas maneras, actuemos como actuemos, igual le caeremos mal a muchos, igual nos van a criticar, contradecir o no les vamos a importar.

Recordemos que cuando uno no es valioso para quienes quiere, se refleja en los afectos y autoestima. Pero si no le gustamos a alguien a quien apenas conocemos y que no está dentro de nuestro círculo afectivo más cercano, ¿qué importa? Nada. Es algo que no nos hace ni mejores ni peores. Solo es la opinión de otra persona y es válido que la tenga, como también es válido que no nos modifique ni altere, ni en un mínimo grado, la visión que tenemos de nosotros mismos. Los otros no significativos no tienen por qué herirnos con su rechazo, ya que ellos no conforman nuestro mundo afectivo.

Si hay algo que falta en nuestra sociedad es aprender a ser más amigo de uno mismo. Cuando un buen amigo o amiga se equivoca, ¿qué le decimos? Lo más probable es que sea algo del estilo: "No te preocupes, no tiene importancia. Un error lo puede cometer cualquiera y sigues siendo una persona valiosa para mí". En cambio, si el mismo error lo cometemos nosotros, es seguro que nos reprocharemos y nos diremos internamente algo como: "¡Qué estúpido soy! No sirvo para nada. Ni siquiera puedo dejar de equivocarme". ¡Qué fundamental es aceptarse uno mismo por lo que uno es! Pero, lógicamente, eso no significa que nos vayamos a dar todas las licencias que queramos como personas o a sobrevalorarnos y a considerarnos "lo máximo". Lo que podemos hacer es ser congruentes con nuestras visiones, valores, aspiraciones y gustos, siempre preocupándonos por no avasallar a los demás. Es decir, respetarse uno y respetar al resto.

No es bueno tratarse mal o faltarse el respeto cuando uno comete un error. Ello, inevitablemente, disminuye el cuidado y la visión que tenemos hacia nosotros mismos.

Sin embargo, lo que muchos solemos hacer es respetar a todas las personas, en desmedro del autorrespeto. Esta actitud nos lleva a vivir comparándonos siempre con los otros. Si alguien es aprobado socialmente, sentimos que debemos seguir sus mismos estándares o comportamiento. Así, vivimos como creemos que debemos vivir y no como deseamos, aunque nuestra opción sea muy diferente de la de los demás. Esto se aplica a diferentes áreas de nuestra vida: elegir una carrera, una pareja, un lugar de vacaciones, las actividades recreativas. Muchas veces soñamos con un auto determinado solo porque un amigo lo tiene y no porque necesitemos esa marca en especial.

Son varios los peligros que enfrentamos al vivir según lo que piensan otros, pero sin duda el más serio es pasar por alto nuestra propia vida, y cuando nos damos cuenta y ya es muy tarde. Además del hecho de descubrir un día que, en lugar de hacer lo que de verdad nos interesaba, hemos estado aburridos, marcando el paso de otros y abandonándonos a nosotros mismos. En síntesis, descubrir que hemos sido esclavos de la opinión ajena o del espejo social en que nos reflejamos constantemente.

Un ejemplo de este espejo social es la moda: nos compramos ropa con determinadas características no porque nos guste o se acomode a nuestro estilo, sino porque es lo que se lleva en la temporada. En muchas ocasiones hemos oído confesiones como la siguiente: "Me compré unas botas blancas porque estaban de moda, y ahora no sé con qué combinarlas. Además, es verano y me provocan mucho calor".

Cerremos un instante los ojos y recordemos cuántas veces hemos sido testigos de cómo alguien compra determinada prenda que no le sienta bien o que le queda incómoda, aconsejado por el vendedor o un tercero. En este caso se produce en la persona la sensación de haber sido ingenua y de haber cometido el error de confiar en otro más que en ella misma.

¿Por qué tendemos a valorar más las opiniones ajenas que

las propias? ¿Por qué nos dejamos llevar por los gustos de los demás? ¿Por qué confiar más en alguien que nos conoce que en nosotros mismos? Así, podríamos seguir enumerando una serie de distorsiones e invalidaciones que experimentamos en nuestra sociedad como producto de la inseguridad personal.

Es importante darse cuenta de que todas las personas son valiosas. Independientemente de lo que hayamos estudiado o incorporado como instrucción formal, tenemos el mismo derecho a expresar puntos de vista y opiniones, así como también a querernos y aceptarnos como somos.

Lo anterior vale, por ejemplo, para aquellas mujeres que por el solo hecho de no trabajar fuera de sus casas no se sienten con el derecho de intervenir o de aportar en conversaciones por "no estar en condiciones profesionales de hablar sobre un tema". Ese tipo de declaraciones, que he escuchado muchas veces, refleja muy bien la visión que tienen de sí mismas. Por ejemplo, dicen: "No tengo nada que aportar porque mi vida se relaciona solo con la casa" o "prefiero escuchar, ya que no me siento con conocimiento sobre el tema para opinar", o "lo mío no es algo importante, es solo algo doméstico". Todo esto se resume en una frase típica: "Yo no hago nada. Solo soy ama de casa".

Desde el punto de vista de la asertividad, la invitación es dejar de pensar que solo las personas validadas por la sociedad son importantes. Porque la verdad es otra: todos somos únicos e importantes, y así como uno respeta a los demás, también debería respetarse a sí mismo, con sus características e historias de vida particulares.

Hay que aclarar que ser asertivo con uno mismo no significa no tomar en consideración opiniones ajenas. Lo relevante es que después de escuchar un juicio externo uno lo coteje con lo que piensa y tome una decisión final. Es decir, podemos convertirnos en jueces de nuestro propio comportamiento. Claro que tenemos que estar dispuestos a ser responsables de las decisiones que tomamos, independientemente de si las consecuencias son positivas o negativas.

Se puede aprender a vivir según nuestros propios gustos y decisiones, y no por lo que dicten otros como "bien visto", educado y conforme al protocolo. Lo peor que nos puede pasar es que nos digan que somos diferentes. Y eso, ¿qué importa?

En gran medida, la calidad de vida o bienestar personal se da porque dejamos de ser parte del rebaño y perdemos el miedo a ser diferentes. Si nos diéramos más permiso para ser directos, sinceros, autónomos y libres internamente, podríamos tener una calidad de vida más plena y, en consecuencia, mejor vivida o, mejor dicho, vivida y no imitada.

ASERTIVIDAD Y DIFERENCIAS ECONÓMICAS

A medida que el dinero se hace más escaso, es importante aprender a diferenciar entre la dignidad personal y la cantidad de dinero que se posee. Es decir, distinguir la situación económica de los derechos que se tienen como ser humano.

En mi experiencia con mujeres de escasos recursos, ha sido reconfortante comprobar que ellas pueden aprender a incorporar técnicas asertivas en relación con temas tan variados como:

- Renegociar deudas.
- Realizar peticiones directas.
- Saber comunicarse de manera segura con alguien de mayor rango jerárquico.

- Considerarse dignas de ser respetadas como madres y esposas, independientemente del nivel de escolaridad alcanzado.
- Autovalorarse por sus logros cotidianos, por pequeños que sean.
- Saber recibir refuerzos positivos y también entregarlos.
- Proyectarse hacia objetivos laborales, profesionales o actividades que impliquen su trabajo personal, esfuerzo y persistencia en la meta.
- No medirse con la vara del poder económico, sino con la de la calidad de ser humano.

La autoestima no debe relacionarse con logros materiales, sino con cómo podemos aprender a querernos, valorarnos y considerarnos como individuos. Sería muy triste que solo nos quisiéramos cuando tenemos dinero o bienes materiales. Cuando una persona de extrema pobreza es capaz de creer que mediante su propio esfuerzo y persistencia puede surgir laboral, educacional o espiritualmente en la vida, lo más probable es que esto finalmente ocurra. La fuerza de las propias creencias o pensamientos es el mayor impulso que se puede tener para los procesos de evolución y consecución de metas soñadas. Por cierto, una persona asertiva también sabe aprovechar y pedir las oportunidades que la sociedad le brinda. Pero, inevitablemente, deberá hacerlo adoptando una actitud decidida a abrirse camino, sin miedo ni vergüenza, y con la seguridad de que, como individuo, más allá del medio donde le haya tocado vivir, tiene todo el derecho a trabajar dignamente. Ello lo conseguirá aprendiendo nuevas conductas (incrementando o ampliando su repertorio conductual) y modos de comunicarse con los demás, para transmitir sus mensajes de forma segura y confiada.

La inseguridad, o timidez, es de los peores enemigos para crecer en la vida, en cualquier ámbito. Manejando estos aspectos hay más posibilidades de lograr lo que se desea.

No hay que invalidarse internamente ni dejar que nos atropellen. Quien se manifiesta consciente de sus limitaciones (económicas, materiales, de formación), pero sin autodegradarse, logrará generar en los demás la percepción de que se está delante de una persona confiable y, por ende, es más probable que le brinden mayores oportunidades reales para obtener trabajos, ya sea de manera dependiente o independiente.

En mi experiencia de práctica profesional realizada en 1990 en un centro abierto de la población La Pintana, perteneciente al Hogar de Cristo, en Chile, tuve la grata posibilidad de comprobar que muchas mujeres pobladoras, con bajos niveles de escolaridad y graves problemas económicos, eran capaces de romper el círculo de la desesperanza y la pobreza, saliendo adelante de una manera desenvuelta y digna, logrando la consecución de diferentes objetivos. Desde los muy básicos —y por eso muy importantes—, como no permitir ser maltratadas por sus parejas, hasta instalar pequeños negocios o crear proyectos avalados por personas más influyentes en la sociedad, dispuestas a darles una posibilidad de cambio y realización personal.

Casi por arte de magia, estas grandes mujeres fueron perdiendo el miedo y la desesperanza en relación con que "a los pobres nadie los escucha". Gradualmente se abrieron caminos, transformando el rótulo de "pobladoras de La Pintana" por el de mujeres trabajadoras, responsables y directas en sus maneras sencillas de comunicar sus mensajes. Al poco tiempo, muchas de ellas llegaban a sus entrenamientos asertivos arregladas y maquilladas, preocupándose más por sí mismas. En relación con su lenguaje, también comenzaron a tratarse mejor y aprendieron a no descalificarse.

Cuando se decide cambiar ciertos esquemas mentales y, como consecuencia de ese gran cambio, se aprenden conductas que ayudan a funcionar de manera más cómoda, se consigue la verdadera modificación interior y exterior.

NUESTRO CUERPO SOMATIZA Y PAGA LAS CONSECUENCIAS

Entre los variados efectos que puede conllevar la falta de asertividad, hay uno muy importante: que el cuerpo acuse recibo de ello a través de somatizaciones.

Para comprenderlo mejor, es conveniente partir analizando la diferencia que existe entre opción e imposición de conducta. Es diferente optar por quedarse callado en una reunión social, ya sea por cansancio o por un dolor de cabeza o por tener genuinas ganas de escuchar más que de hablar a, en cambio, guardar silencio por inhibición. Este último caso es el que afecta a los seres tímidos, a quienes sí se les ocurren ideas y sí quisieran participar, pero se mantienen al margen. Aquí, el consejo es no engañarse y responder con sinceridad a la pregunta: "¿realmente no quería hablar?".

Actitudes como la anterior nos llevan a avanzar en la cadena de situaciones que produce la falta de asertividad: el estrés o la tensión se relacionan directamente. Muchas veces ocurre que los problemas psicológicos que afectan a una persona se transforman en enfermedades o dolencias físicas. Son innumerables los casos en que el cuerpo resiente el desgaste producido por la tensión acumulada y, de manera sabia, reacciona haciendo llegar una señal, que puede ir de leve a muy aguda, para que lo escuchemos y le hagamos caso.

En los casos de señales leves y medianas, muchas veces estamos con los músculos de la boca tensos de tanto aparentar sonrisas y gestos para caerles bien a los demás. En otras oportunidades se nos tensiona dolorosamente la espalda por haber aguantado en una silla una postura incómoda, por vergüenza o por no habernos atrevido a cambiar de posición, o porque nos sentimos "fuera de lugar". Otras ocasiones, somatizamos a tal punto de enfermar nuestro cuerpo.

Las somatizaciones más frecuentes producto del estrés (es decir, la forma como el cuerpo acusa recibo de las conductas forzadas o no expresadas libremente) son las cefaleas, el colon irritable, el lumbago, las úlceras, la tortícolis, las contracciones musculares, el bruxismo y la dermatitis.

Una forma de identificar estas situaciones es haciendo una

especie de memoria histórica con el cuerpo y relacionar las dolencias con comportamientos o eventos determinados. Es probable que, después de una reunión social, las personas tímidas presenten un dolor de cabeza, una contracción muscular, bruxismo (rechinar los dientes por tensión), malestares estomacales u otras manifestaciones físicas provocadas por la tensión mantenida en un encuentro poco grato y que la persona sufre internamente, siendo muchas veces imperceptible ante los ojos de los demás.

En otro plano, hasta una negativa en el ámbito sexual puede ser producida por una somatización.

Resulta bastante más común de lo que pensamos el que alguien se enferme después de vivir una situación en que la ha pasado mal. Y esto es por una simple reacción psicológica por haber hecho algo que no quería hacer, y que nada tuvo que ver con lo que comió, bebió o trasnochó.

A muchas mujeres de verdad les duele la cabeza cuando la pareja quiere tener relaciones sexuales y ellas no. La situación se transforma en un sufrimiento, pero no se atreven a decirlo por temor a que él se enoje o se ofenda. Entonces, al experimentar genuinamente una dolencia, queda superada en gran parte la culpa y la persona se libera de formular el necesario, pero tan poco usado, "hoy no tengo ganas".

Hay quienes, a pesar de las mútilples explicaciones de tipo psicológico que puedan recibir acerca de su personalidad y del daño que les produce la falta de asertividad, se refugian en una justificación "genética": "En mi familia todos son así y no hay nada que hacer".

A ellos es necesario explicarles que existe una diferencia entre lo genético y lo aprendido. Lo que se trae al nacer, en forma genéticamente dada, es el temperamento. Sin embargo, una parte vital que estructura la personalidad del ser humano es proporcionada por el ambiente y la consiguiente socialización. Es decir, por la crianza, por la forma en que uno fue educado y tratado cuando era niño, por cómo nos hablaban, acariciaban o estimulaban.

En el tiempo de nuestros abuelos, la socialización era muy diferente de la que vivimos hoy. Aunque se quisiera mucho a los hijos, el estilo de comunicación en los hogares era distinto del actual. Por ejemplo, era signo de mala educación que los jóvenes opinaran. No se les fomentaba hablar delante de las personas mayores y menos aún se les permitía expresar un pensamiento diferente ni manifestar su disgusto de manera directa. Era habitual que en la familia (es decir, los primeros agentes de socialización) se les dijera: "Y a ti, ¿quién te ha dado permiso para hablar?".

De forma simultánea, en la escuela, que es el segundo agente de socialización, era normal toparse con situaciones que inhibían más que incentivaban la desenvoltura personal. Gran parte de los establecimientos educacionales castigaban las ideas diferentes o simplemente censuraban que un alumno aportara una opinión sin ser autorizado por un superior. Conocido es el antiguo sistema de enseñanza inglés –tema de muchas obras literarias–, caracterizado por lo duro y castigador, sintetizado en la frase "la letra con sangre entra". Por aquella época, lo bien visto, en especial entre las mujeres y personas de niveles más altos, era tener un bajo perfil. Se confundía la sumisión, la inhibición y la timidez con ser cauto y bien educado.

Una vez que se toma conciencia de las conexiones entre cómo funcionamos y nuestras tensiones, es más fácil darse cuenta de que el cuerpo debe ser considerado como un amigo. Sin duda, nuestro mejor amigo cuando se trata de indicarnos que algo incorrecto está pasando en nuestro interior o nuestra psiquis. Es como la luz amarilla del semáforo, que muchas veces nos ayuda a evitar serios accidentes.

Cuando nos duela el cuerpo sin motivo aparente, preguntémonos: "¿Estoy tenso? ¿Me he callado alguna cosa que querría haber dicho? ¿Estuve mucho tiempo conteniendo rabia o pena?". Mirar a un lado y otro antes de seguir avanzando, pensar en el próximo paso, puede evitar las consecuencias de atravesar una calle con luz roja. Esto, a nivel personal, puede traducirse en un infarto, un derrame cerebral o cualquier accidente similar. Siempre hay que tener presente que los contenidos no expresados, esos que pretendemos ocultar, existen por más que queramos creer lo contrario. Entonces, como todo, ocupan un espacio y ese espacio está en nuestra "mochila interior". No hay que pensar mucho para darse cuenta de que, si la sobrecargamos, en algún momento explotará.

ADIÓS AL ESTRÉS

El estrés, palabra tan popular actualmente, corresponde al concepto acuñado en Estados Unidos y que apunta al grado de tensión que experimentamos las personas. Si hacemos una analogía, podremos compararlo con un elástico que se estira más y más, hasta que se rompe. Su efecto es parecido al de la "olla de presión", pero a nivel individual.

El estrés es un conjunto de síntomas fisiológicos y psicológicos que afectan a quienes lo padecen y les provoca una suerte de vorágine de sensaciones desagradables, angustiosas e irritantes, que perjudican la calidad de vida y el bienestar personal.

Lo más preocupante es que este estado de tensión constante se ha vuelto algo normal y se comenta acerca de él con la misma naturalidad con que se habla de muchas otras consecuencias que tiene vivir en grandes ciudades. Aquí, las múltiples tareas u obligaciones producen, inevitablemente, cansancio crónico, irritabilidad, angustia y altos niveles de impaciencia y desazón. ¿Podemos evitarlo? La respuesta es "sí, podemos". Y debemos hacerlo con el fin de retomar una vida armónica y grata.

Dentro de las causas que disparan los estados de tensión, destaca el ritmo acelerado con que se realizan casi todas las actividades cotidianas. Esto llega hasta el punto de que incluso las de tipo placentero las vivimos de manera rápida y con un mínimo grado de disfrute. Un ejemplo es cuando salimos a pasear y tendemos a caminar excesivamente rápido, comportándonos de manera alterada o irritable ante el más pequeño traspié. Basta pensar en qué sucede cuando alguien se demora unos minutos más en atendernos, o cuando alguna persona nos da un leve y casual empujón, o cuando nos topamos con un embotellamiento de tráfico.

Pero ¿qué sentido tiene distorsionar de tal manera lo trivial o potencialmente placentero y transformarlo en algo desgastador y no diferenciador del contexto? ¿En qué se relaciona el estrés con la falta de asertividad? Muy simple: cuando nos volvemos verdaderos autómatas, debido a agotadoras jornadas de trabajo, tergiversamos los horarios que podríamos brindarnos a nosotros mismos y a nuestras familias, por actividades que no tienen la misma importancia y muchas veces ni siquiera la mínima. Con esta actitud nos estamos dejando avasallar en nuestro objetivo de respetarnos como seres humanos, como también estamos avasallando —es decir, agrediendo— a quienes más nos importan en la vida.

Lo saludable es que existen pautas de conducta que nos pueden ayudar a desestresarnos y a hacer más transitable nuestro estilo de vida. Algunas de ellas son:

- Aprender a caminar con ritmo de paseo, en lugar de hacerlo como si estuviésemos corriendo en una carrera angustiosa.
- Hablar, comer y realizar movimientos lentamente. El ritmo es directamente proporcional al grado de ansiedad o hiperexigencia que nos autogeneramos. Por lo tanto, a mayor estrés o tensión, es mejor ensayar por un tiempo la vida en "cámara lenta". O, por lo menos, esto es lo que va a percibir al comienzo la persona estresada, aunque en realidad esté caminando con normalidad.
- Incorporar en nuestra vida actividades como la relajación, técnicas de imaginería (ver glosario en la página 253) y ejercicio físico de manera sistemática. Estas prácticas nos

ayudan tanto a nivel de distensión corporal como a generar endorfinas.

- Realizar actividades placenteras, aunque sea por pequeños periodos.
- Recurrir a una terapia psicológica si no logramos poner los puntos anteriores en práctica.
- Aprender a tomar muchas cosas con sentido del humor.
- Realizar jerarquías mentales y darle importancia a lo que realmente es significativo, o más relevante para nosotros (ojalá esta lista no contenga más de diez reglas ultra importantes).

EL CUERPO ES UN BUEN INDICADOR DE TENSIÓN

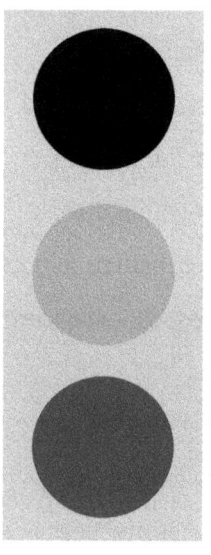

Estado crónico de úlceras, colon irritable, tendinitis... Probabilidad alta de otras enfermedades más severas.

Molestias tales como dermatitis, tensión corporal, cansancio excesivo y gasto de energía.

Cuerpo flexible, sin dolencias y con grandes cuotas de energía.

Un factor determinante para cambiar conductas estresadas por otras cómodas y relajadas es reorganizar los pensamientos respecto de los objetivos que nos hemos trazado en nuestra vida, los que deberían considerar una categoría determinada de relevancia en su puesta en práctica. No metamos todo en un mismo saco, ya que así vamos a sobredimensionar problemas y, a la larga, nos quejaremos por cosas que no tienen importancia.

En nuestra escala de valores deberíamos darle prioridad a ciertas actividades o comportamientos y quitar el significado excesivo a otros. ¡Qué importante es tener una buena convivencia familiar y qué poco importante es que se ensucie la manta o frazada cuando desayunamos todos juntos un domingo en la cama!

Si consideramos que el bienestar personal pasa primordialmente por la relación respetuosa que tenemos hacia nuestra persona y hacia los demás estaremos atentos a no dar tanto valor a la adquisición de bienes materiales, ascensos laborales o a la opinión que otros tengan de nosotros como seres exitosos, a costa de no tener tiempo para disfrutar de nuestra casa, familia, pareja, hijos y amigos.

Podemos aprender a disfrutar de las cosas simples y, a la vez, profundas de la vida, accesibles a la mayoría de las personas, tales como una grata conversación, un hermoso paisaje, el afecto de quienes nos rodean, antes de estar concentrados todo el tiempo en comprar más, ganar más, tener un cargo más alto.

En la medida en que nos tomamos aquellos aspectos no medulares de la existencia con menor severidad, apreciamos el inicio de un equilibrio interno y la adquisición de la sabiduría de reírnos de nosotros mismos y de nuestras neurosis o errores inevitables.

Cuando nos demos el permiso de no ser "el mejor del curso", "el más atractivo" o "el más inteligente", de no "terminar los trabajos de una semana en un día para ser más productivo" y nos centremos en ser equilibrados y congruentes con nuestros valores, entonces hablaremos más lentamente, pensaremos con mayor profundidad, expresaremos nuestros sentimientos de manera más abierta y menos pudorosa, y también nos tomaremos más tiempo para lo que nos gusta. Por lo tanto, seremos personas más distendidas y, por qué no, más felices.

Es después de un proceso interno como el descrito que daremos la pelea al estrés, el que no está sustentado en nuestros pensamientos, sentimientos o deseos profundos: en rigor, corresponde muchas veces a un modelo social —o propio— de exigencia desmedida. Lo podemos cambiar por otro más humano y centrado en las personas, como también en las tareas, pero de un modo equilibrado. Solo necesitamos desearlo fervientemente y dedicarnos en forma sistemática al trabajo que nos llevará a conseguir nuestras nuevas metas. Es decir, cambiaremos nuestros esquemas mentales irracionales, lo que irá acompañado de modificaciones en nuestro comportamiento.

Si consideramos valioso el bienestar personal que podemos adquirir los individuos, estaremos de acuerdo en que la vida no puede consistir en tener un exceso de trabajo o en vivir planteándonos metas desgastadoras sin hacer un alto en el camino. Esto, incluso a costa de ver menores ingresos económicos, logros o reconocimientos sociales.

Si ponemos estos aspectos en una balanza interna, lo más probable es que reflexionemos acerca de lo que es verdaderamente importante en nuestras vidas *versus* lo que es accesorio. Este es un primer peldaño en la sabiduría que los seres humanos podemos alcanzar.

SOY TÍMIDA, SOY TÍMIDO

Hombres, mujeres, adultos, niños, ancianos... El mundo está lleno de sujetos tímidos, de diferentes edades y condiciones sociales. Pero ¿sabemos qué es la timidez? Básicamente, podemos decir que es la inhibición social que experimentan las personas cuando se relacionan con otras.

Los que sufren de timidez experimentan un alto grado de ansiedad y vergüenza al momento de entrar en contacto con los demás, incluso de solo pensar en relacionarse o ser observados. Los tímidos le temen tanto a la mirada de los otros como a lo que puedan estar pensando respecto de ellos. Muchos imaginan que quienes los miran adivinan (o "roban") sus pensamientos o vivencias internas, lo que les produce una fuerte sensación de fragilidad.

Los síntomas conductuales y fisiológicos más comunes en las personas tímidas, cuando tienen que exponerse frente a un público (formal o informal) son los siguientes: rubor facial (ponerse colorado), sequedad de la boca; temblor en las manos, cara, cuerpo o voz, sudoración excesiva, torpeza en los movimientos, rigidez facial, palpitaciones, ahogos, sensación de mareo, bochornos, malestar general y tartamudeo.

QUÉ SIENTE UNA PERSONA TÍMIDA

- Inhibición al estar o imaginarse en un grupo de personas que no conoce.
- Desagradable y temida sensación de ser observada.
- Pavor de ser foco de atención.
- Conductas como ruborizarse, tartamudear, transpirar excesivamente, temblor de voz, de manos y cuerpo, entre otras (pueden darse algunas, no necesariamente todas).
- Pensar que no va a tener tema de conversación.
- Pensar que va a quedar ante los demás como inadecuada.
- Dolores abdominales, cefaleas, tensión corporal antes, durante y a veces también después de realizar una exposición frente a un público.

Estos síntomas provocan que quien los experimenta se sienta muy avergonzado y se vea a sí mismo como alguien inadecuado y ridículo. Ello influye en que evite situaciones en las que se vea expuesto, como hablar en público, conversar o, simplemente, ser objeto de miradas.

A nivel cognitivo o de pensamiento, las personas tímidas se repiten aseveraciones distorsionadas. Por ejemplo: "qué inadecuado soy"; "apuesto a que todos se dan cuenta de mi timidez"; "nunca voy a cambiar"; "ojalá se termine pronto esta reunión"; "todos me están mirando"; "no me va a salir la voz cuando me pregunten algo"; "soy la persona más aburrida del grupo"; "qué ganas de pasar inadvertido".

Es habitual que las personas tímidas afirmen que nunca dejarán de serlo. Piensan que la timidez es algo así como el RH positivo o negativo de la sangre con la que nacemos y es inmodificable. Pero no es así.

Las personas pueden dejar de ser tímidas y aprender nuevos estilos de comportamiento. Para esto deben adquirir destrezas o formas de conducirse que sean antagónicas a la timidez. Esto es, incorporar a su repertorio conductas desenvueltas, seguras y asertivas.

Para dejar de lado la timidez, es importante comenzar por tomar una decisión: no huir ni evitar las situaciones que más cuesta enfrentar. Por ejemplo, si para alguien es muy difícil hablar en público, es necesario que lo intente cada vez que exista la posibilidad de hacerlo. Así, progresivamente, puede vencer la inhibición o el temor respecto a ese comportamiento. Esto se llama *práctica masiva*. Es decir, cada vez que se repite la conducta temida, esta va pareciendo más natural y simple. Esto no se alcanza de un día para otro, pero la idea es que entre más se practique la nueva actitud que se quiere incorporar, menor ansiedad e inhibición producirá.

Por el contrario, si la persona evita la exposición a los demás cada vez que puede, lo más probable es que se convierta en experto en reiterar este comportamiento evasivo y así refuerce la idea de que nunca va a cambiar.

Las personas nacemos en hogares diferentes y con padres que tienen determinado estilo para comunicarse y demostrar su cariño. Ellos, o las personas que nos han criado, son nuestros primeros agentes de socialización y tendemos a imitarlos. Esto es lo que se denomina *aprendizaje vicario*. Por tanto, nos guste o no, nos inclinaremos a reproducir sus conductas o comportamientos.

Así, si en nuestro hogar de origen se nos demuestra con desenvoltura el afecto y se nos permite comunicarnos con libertad, lo más probable es que vayamos desarrollando un estilo de personalidad resuelto y asertivo. También son importantes los modelos que recibimos a través de profesores, amigos y familiares. En el caso de la escuela, esta marca la pauta de lo que se le va a permitir a los alumnos en temas de desarrollo de la personalidad. Desde hace unos años, los establecimientos educacionales parecen estar tomando conciencia de la importancia de instruir a los estudiantes, no solo en materias de contenido académico sino también en destrezas sociales, tales como disertar, exponer ideas en público y aportar opiniones.

Una de las formas más seguras para incorporar comportamientos desenvueltos en sujetos tímidos es la práctica masiva de las conductas que más les cuestan. Si estas no fueron estimuladas en nuestra socialización (hogar, padres, profesores, tíos), es necesario que las conozcamos y las incorporemos a través de su ejercitación sistemática.

Es importante tener claro que después de una serie de ensayos de las actitudes desenvueltas, estas se automatizan o se incorporan naturalmente en nuestros hábitos de comportamiento. Muchas veces, quienes sufren de timidez experimentan una ansiedad que aumenta a medida que hablan o exponen frente a los demás. Cuando los tímidos se dan cuenta de que se están poniendo nerviosos, optan por apurarse y terminar de hablar lo más rápido posible. Lo que sucede es que al concluir su disertación en público o abandonar el lugar, efectivamente disminuye la ansiedad, pero nunca se hacen expertos en incorporar o "darle la pelea" a la ansiedad desadaptativa, que va aparejada con la conducta evitada.

En una situación como la descrita, lo adecuado sería pensar en "ganarle" a la curva de la ansiedad.

Cuando sintamos que ella nos consume, respiremos lenta, tranquila y profundamente y pensemos, o digámonos: "Voy a terminar de exponer, aunque me ruborice o termine chorreando sudor". Progresivamente, este tipo de disposición ayuda a superar la ansiedad. Si bien es cierto que esta tiene un *comienzo*, un *clímax*, una *meseta* y un *final*, es importante esperar lo suficiente como para que baje a un nivel adaptativo (que le permita sobrellevar la situación). Y créanme que así ocurre. De lo contrario, todos andaríamos infartados por el mundo.

El *entrenamiento asertivo* es una buena herramienta terapéutica para reemplazar las conductas tímidas por otras seguras y desenvueltas. Se trata de un *training* grupal en el cual se hacen ejercicios para adquirir herramientas psicológicas, conductuales y cognitivas. Estas permiten dejar de sufrir psicológicamente y aprender a comportarse de manera abierta, en el estilo que cada uno requiere para sí mismo y dejando de lado el constante temor al ridículo o el ya comentado "espejo social". En fin, se trata de liberarnos internamente del yugo del "qué dirán".

Hay ciertos datos prácticos que vale la pena tener en cuenta para combatir activamente la timidez. Veamos algunos ejemplos.

- Cuando hablemos frente a otros hay que concentrarnos en lo que estamos diciendo y no en lo que puedan estar pensando los demás respecto de nosotros.
- También ayuda saludar en voz alta y sonreír cuando llegamos a un lugar.
- Si nos equivocamos en público, tomemos la situación con humor, o menor severidad, y pensemos que todos se equivocan y que no somos personas tan perfectas o diferentes de los demás como para no cometer errores.
- Si nos ruborizamos, hay que continuar hablando y pensar que no tiene nada de raro o anormal, y que es algo que les pasa a muchos (aunque en el momento no sea agradable).
- Si alguien dice "te estas poniendo rojo", hay que responder "sí, es cierto". Después, respirar y seguir tranquilamente. Así se combate la "eritrofobia", que es el nombre que recibe el temor persistente, o fobia, a ponerse colorado.
- Reestructurarnos y pensar que la conducta tímida

se puede cambiar y que, en gran parte, depende de incorporar nuevas actitudes y modificar ciertos patrones de comportamientos y pensamientos.

- Si llegamos a una reunión social donde no conocemos a muchas personas, hay que empezar por presentarse con una sonrisa y mirando a los ojos a los demás (aunque nos cueste). Es nuestra mejor carta de presentación.
- Si queremos dar una opinión en una reunión social, debemos hacerlo. No hay que olvidar que todos tenemos el derecho de entregar nuestros juicios y estos no deben tener el carácter de conocimiento científico sino, simplemente, representar una idea, gusto u opinión (la que no tiene que ser documentada o sabia, ya que es eso: solamente una opinión).
- La timidez sí se puede vencer y, cuando logramos revertirla, es como si la vida nos cambiara literalmente, en el sentido de percibir que se puede empezar a disfrutar de ella.

Se puede aprender a iniciar conversaciones con personas que no conocemos, que nos pueden ser de utilidad o hacernos pasar un buen rato. Trabajar esta habilidad nos permitirá relacionarnos mejor en una empresa o en reuniones sociales donde nos toca estar sentados al lado de algún desconocido.

Nos podemos ayudar en esta tarea, usando las siguientes técnicas básicas:

- **Hacer preguntas abiertas**

    Son preguntas que difícilmente puedan ser contestadas con un monosílabo (un sí o un no). Por ejemplo: "¿Qué tipo de actividades te gusta hacer para distraerte?".

- **Dar información a nuestro interlocutor**

    Esta puede ser de distintos temas, hasta que se interese en algunos de ellos. Por ejemplo: "Fíjate que el otro día me tocó viajar en uno de esos autobuses nuevos y...".

- **Hacer parafraseos**

    Poner atención a lo que dice la otra persona y repetirle ese contenido, comentándole lo interesante que nos parece. Por ejemplo: "Qué notable que te guste coleccionar objetos marinos. Cuéntame, ¿cuáles tienes?".

Acordémonos de cuando estábamos de novios o con alguien que nos gustaba: ahí, una gran cantidad de parafraseos nos salía naturalmente. Por ejemplo, él o ella decía: "A mí me encanta la poesía", y uno parafraseaba casi de inmediato con un

"¡ah, qué bonito!". Lo más probable es que con este comentario a la otra persona le den ganas de hablar mucho más acerca del tema que le gusta. El requisito para que un parafraseo sea asertivo es que sea auténtico, verdadero, y no solamente se emita para caer bien.

Estas técnicas son fáciles de aplicar y no hay que pensar que para conversar de manera entretenida hay que hablar de temas complejos. Cualquier asunto puede ser ameno, dependiendo de cómo se tome: con naturalidad, soltura y ganas de pasar un buen rato intercambiando ideas o gustos. Para esto no es necesario haber estudiado en la universidad ni tener un vocabulario especial.

Para iniciar estas tareas podemos empezar por dar información a quienes nos atienden en un comercio o supermercado, por ejemplo, y si no nos sale algo a nuestro entero gusto, simplemente nos podemos retirar.

Atrevámonos a iniciar una conversación con alguna persona desconocida: podemos pasar un buen rato, como también darnos la posibilidad de conocer a alguien valioso, que muchas veces por timidez no lo hemos intentado.

AGRESIVIDAD *VERSUS* DERECHOS DE LOS DEMÁS

A veces las personas se van al otro extremo: la agresividad. Individuos que no respetan los derechos de los demás, solo a sí mismos. El disfraz que oculta la agresividad no física es tan eficiente que muchas veces puede parecer una forma adecuada de actuar. Incluso hay casos en que llega a ser socialmente aceptable. Una especie de "agresividad envuelta en papel de regalo".

Pero basta tomarse unos minutos para desmenuzar estas conductas y descubrir cómo avasallan los derechos del otro. Frases como: "Qué buena persona fuiste al quedarte a trabajar por mí", indican claramente eso que en el lenguaje coloquial se llama "pasar por encima" de alguien. Por hacer algo en beneficio personal, no se respetan los derechos de terceros.

Cuando nos encontramos frente a este tipo de conductas debemos abrir más los ojos. No hay que caer en la trampa y creer que nos están diciendo un cumplido. En el fondo, se están aprovechando de nuestra buena voluntad.

Dentro de lo que se cataloga como agresividad están también las conductas violentas, que se traducen en malas caras, insultos, en una comunicación no verbal alterada que se puede iniciar en la descalificación verbal hasta llegar al maltrato físico, pasando la mayoría de las veces por el maltrato psicológico.

La descalificación suele verse, también, en los ambientes laborales. Es ahí donde se producen climas de tensión creciente e ilusiones decrecientes, sobre todo cuando los miembros de la organización perciben que no se les valora o refuerza en sus logros. Por el contrario, no se escatima la mínima posibilidad de realizar una conducta agresiva de tipo explícito (como una llamada de atención delante de terceros) o implícita (por ejemplo, a través de chistes o ironías que más tienen de descalificación oculta que de sano humor). Es un hecho que la conducta agresiva no da los mejores frutos, sino que baja la calidad del clima psicológico laboral, porque contamina y enrarece el interior de los grupos de trabajo.

Hay individuos que avanzan más rápido por la vida a costa de los codazos que dan a otros. La agresividad en el ámbito laboral produce una desintegración del grupo o equipo. Genera un clima poco grato para la convivencia cotidiana y, en los afectados, se traduce en ganas de querer irse lo más pronto posible o en desconfiar permanentemente del resto. Por lo tanto, no es productivo ni sano tener una conducta laboral agresiva o permitirla en los demás.

Lo que sí resulta altamente productivo es aplicar estrategias asertivas, tales como motivar la proactividad en los equipos de trabajo y competir sobre la base de una diferenciación de productos materiales y psicológicos más constructivos. Esto hace que, por medio de la retroalimentación positiva, los miembros del equipo se sientan aún más motivados y con la "camiseta empresarial" bien puesta.

Hay diversas razones por las cuales una persona puede ser agresiva. Una de ellas es que ese sea el repertorio conductual que conoce. Por ejemplo, en aquellos que reconocen que "en mi familia, mi papá decía en voz alta si algo no le gustaba, descalificando de paso a los demás". Los padres y madres golpeadores casi siempre provienen de hogares en los que fueron golpeados. Aunque hayan dicho: "Yo jamás golpearía a un hijo", cuando se convierten en padres y deben llamarle la atención, no saben cómo y recurren a lo conocido (es decir, al golpe), muchas veces por falta de otro repertorio de conductas.

Cuando las madres fueron violentadas de niñas, hay más probabilidades de que ellas también violenten a sus niños, aunque se hayan prometido no repetir esas conductas. Por otra parte, las madres que han recibido afecto se convierten en modelo natural de esa conducta con sus hijos. Es lo que en psicología se denomina *aprendizaje vicario*, como ya se ha explicado.

Otra forma de agresividad es la que se da cuando se hace catarsis: desahogos, liberación de energías y de estados tensionales. Uno de los casos más habituales: nos subimos al auto cargando problemas, cansados, con un alto nivel de estrés. Nada de ello se ha manifestado en el hogar ni en el trabajo. Allí, todo este peso recae en el inocente conductor que está adelante y que se demora dos segundos en avanzar cuando el semáforo enciende la luz verde. Otro caso: enfurecerse cuando en el supermercado alguien nos quita nuestro lugar en la fila. Y es que la persona agresiva va soltando esta parte de su personalidad con quienes se encuentra en el camino, pues la ha almacenado de manera automática y sabe que no tendrá trascendencia o repercusión importante alguna si se desahoga a costa de otros.

Otro origen de la agresividad es la adrenalina de la rabia. En estos casos, la persona deja de experimentar vergüenza. Es así como a veces los más tímidos se envalentonan y actúan de una forma que ni ellos mismos pueden creer una vez que la ira se ha esfumado. Así llegamos a lo que se conoce como *muletas psicológicas*; es decir, aquellos estímulos que pueden enardecer a alguien y que abarcan desde el alcohol a las drogas, incluyendo los tranquilizantes menores.

Por eso, los especialistas recomiendan crear momentos de liberación de energías personalizados, pero de un modo más plácido y respetuoso hacia los demás. Se puede golpear cojines propios o de algún terapeuta Gestalt con el fin de desahogarse. ¿Cuántas veces hemos oído lo bien que hace contar hasta diez cuando nos invade la ira? También es bueno salir a correr, a caminar o buscar otra actividad que nos distraiga en los momentos de mucha rabia. Ir al parque o a una plaza, gritar y correr hasta quedar cansados son también otras prácticas muy liberadoras de energías. Así como escribir lo que sentimos y después leerlo. Lo mejor es que con esto no dañamos a los demás.

Quizás ahora podamos entender mejor la conducta péndulo, que ya hemos definido anteriormente como un comportamiento extremista. En él, por un lado, se encuentra la actitud sumisa (es decir, la que respeta los derechos de los demás por sobre los propios) y, por otro, sin transición o equilibrio alguno, una postura agresiva, en donde se hiperrespetan los propios derechos en desmedro de los de los demás.

Las reacciones que experimentan las personas que funcionan pendularmente en la vida van de un malestar simple a uno extremo. Es lo que ocurre cuando, después de un tiempo de mantener una relación con alguien (afectiva, ya sea de pareja o de amistad), sin mediar una explicación y sin haber expresado nunca algún desagrado, se le dice todo lo malo que pensamos de su accionar. Del no decir nada, se dice más que el todo, y generalmente de maneras poco apropiadas e hirientes.

La ironía es otra forma de agresividad que puede llegar a ser muy dura. Por ejemplo, cuando a alguien se le dice, entre risas sarcásticas: "Claro, como tú eres una santa...".

También son ejemplos típicos de comportamientos agresivos la pelea, la acusación y la amenaza y, en general, todas aquellas actitudes que signifiquen no tener en consideración los derechos y sentimientos de otros: "¡Ya te las vas a ver conmigo!".

El comportamiento agresivo suele aparecer a consecuencia de la rabia asociada a la impulsividad, de la ceguera para autocontrolarse y, sobre todo, de la incapacidad de contemplar los derechos de los demás. **Es habitual que la persona que actúa con agresividad simplemente no se dé cuenta y sea otro (un jefe o una pareja) el que tenga que hacerle ver su actitud.** Lo más probable es que, al final, los demás no querrán convivir con esa persona y la eludirán, sobre todo en las instancias de tipo social.

Una dolorosa consecuencia a la que tiene que hacer frente la persona agresiva es que la sociedad la deje de lado (aislamiento social). Cuando hay una reunión es la primera que queda fuera de la lista de invitados. Otra más dolorosa aún es cuando su pareja lanza la advertencia: "O cambias tu forma de relacionarte conmigo o nos tendremos que separar".

CÓMO AYUDARSE FRENTE A PERSONAS AGRESIVAS

Cuando nos va bien en la vida es fácil dejar resbalar las palabras poco amables, las caras de pocos amigos, las voces poco gratas. Sin embargo, hay días en que el ánimo se encuentra nublado y nuestra disposición es otra. Hombres y mujeres tienen días más sensibles, se vuelven más contestadores o aprensivos frente a las personas agresivas y tienden a acoplarse con la tonalidad afectiva de ese otro agresivo.

En estos casos, existen al menos dos técnicas, o herramientas psicológicas, que pueden ayudar:

- **Hacer una pausa**
  Puede hacerse con una respiración profunda y luego retomar el tema con la "línea base de nuestro

comportamiento" equilibrada. Es decir, en nuestro estilo habitual de funcionar, pero no cargado de adrenalina. También se puede sugerir dejar la conversación para el día siguiente. ¿Cuántos disgustos o peleas de pareja se evitarían con solo posponer un diálogo para otro momento, porque en ese la disposición anímica es inadecuada? De igual forma, ¿cuántos proyectos podrían haber funcionado si hubiéramos decidido dejar ese clima de impulsividad y retomar el tema en otro momento? La pausa también puede ser de duración indefinida. Por ejemplo, decir a la otra persona: "Considero que este asunto está tomando un cariz que no estoy dispuesta a seguir escuchando. Por lo tanto, es mejor dejar la conversación hasta aquí y me retiro".

♦ **Recurrir a un juez externo o tercera persona**

La otra herramienta es acudir a un juez externo, o tercera persona, que tenga la cabeza más fría y que sea imparcial. Por ejemplo, si alguien enciende un cigarrillo en un restaurante o lugar en el que hay área para no fumadores, lo más asertivo es pedirle al camarero o al dueño del lugar (juez externo) que se haga cargo de la situación.

Aprender a "desengancharse" de la agresividad de los demás da muchos grados de libertad y permite decidir lo que se quiere decir y cómo hacerlo de acuerdo con nuestro propio criterio y no por un estado de ánimo determinado.

Este control respecto de la provocación del prójimo toma en cuenta un factor importante: nuestra sociedad no respeta a las mujeres gritonas y que se salen de sus casillas. Más bien las tilda de histéricas. A los hombres en la misma situación se les llama neuróticos.

Lo más importante es que nos sintamos bien con nuestro estilo, que por ningún motivo vamos a abandonar, aunque una persona agresiva nos provoque.

ASUMAMOS NUESTRO CUERPO

También es muy fácil ser agresivo y descalificador con uno mismo. Un ejemplo claro es cuando pensamos: "¡Qué terrible, viene el verano y yo con kilos de más, celulitis, arrugas...!".
¿Hasta cuándo nos vamos a evaluar por nuestro cuerpo? Las personas bonitas no son necesariamente buenas. Por otro lado, los "menos agraciados" pueden convertirse en personas muy atractivas. También existen las que son bellas por dentro y por fuera. Los seres humanos somos únicos en nuestra manera de ser, de demostrar, de pensar, de querer. Esto también aplica a nuestro cuerpo y a nuestras características físicas. Es relevante que comencemos a vernos y a aceptarnos como somos sin que nos transformemos en los modelos culturales vigentes de belleza temporal. Somos seres únicos, con

particularidades, y a no ser que algunas realmente no nos gusten o nos produzcan menoscabo, es importante valorarnos tal cual somos.

¿Dónde va a quedar ese lunar diferenciador y coqueto o esas encantadoras arruguitas alrededor de los ojos que, por cierto, se relacionan con nuestras experiencias (horas de desvelo frente a los que amamos o nuestras largas jornadas de trabajo, creadoras, lúdicas y cansadoras, pero reales)? ¿Dónde van a quedar esas caderas anchas que reflejan partos vividos con amor? ¿Y esas canas que dan cuenta de nuestras experiencias, vivencias, cansancios, caminos recorridos, fiestas, conversaciones nocturnas...? En el caso de los hombres, ¿dónde quedarán aquellas huellas de cierta fatiga que se reflejan en bolsas bajo sus ojos, las que denotan los esfuerzos por cumplir metas laborales en pos del bienestar familiar? ¿Y las huellas de sonrisas y desvelos hacia los hijos? ¿Qué será de las canas aparecidas por el efecto del tiempo y de las angustias? ¿O de esa calvicie, que lo más probable es que sea un recuerdo genético de los padres?

No borremos nuestras experiencias de vida tratando de aparentar lo que no somos. Cada persona es más que su físico.

Por ejemplo, el caso de una muchacha que a partir de una mutilación física producto de un accidente en 2002 (perdió las manos y los pies), con fe, valor, seguridad en sí misma y mucho cariño se ha convertido en una gran mujer debería servirnos de modelo de constante superación.

¡Qué opuesta fue su actitud a la de muchas jovencitas (y jovencitos) que caen en trastornos que los pueden conducir a la muerte, como la anorexia o la bulimia, por el solo afán de tener un cuerpo que "se supone" deberían tener!

Es grato contar con un cuerpo bello. Pero es mucho más grato contar con una fuerte espiritualidad y belleza interior.

No cabe duda de que para muchos estas palabras pueden resultar incomprensibles o excesivamente teóricas. Especialmente para los más jóvenes. Pero con el pasar del tiempo, las personas necesitan hacerse amigas de sí mismas y en esto consiste, en gran parte, la tan ansiada madurez. Me quiero como soy, con todas mis huellas del tiempo recorrido y que me han otorgado una vida bien vivida.

No se trata de oponerse a todo cambio físico. Por el contrario. Si alguien se siente realmente incómodo con alguna característica corporal y quiere cambiarla mediante una intervención quirúrgica, no hay problema ni se contradice esto con lo planteado. El punto central es ¿cuántas operaciones nos haremos? ¿Cuándo estaremos satisfechos con nuestros cambios? ¿Hasta qué edad vamos a seguir ocultando lo que somos?

Por favor, no hay que confundirse en este punto al relacionar la asertividad con el descuido en el aspecto físico. La decisión de mejorarlo debe ser una *opción* y no una *imposición*. Es dignificante ver a personas maduras aceptando sus años, experiencias, cuerpos y características acordes a sus estilos individuales, admitiendo el paso natural del tiempo y los desgastes vividos, sin consumirse por aparentar una inalcanzable "eterna juventud". Ojalá no tengamos que pasar el mal rato de que nuestros hijos nos digan avergonzados: "Por favor, papá, no te pongas pesado con mis amigas", o "mamá, no uses esa minifalda, porque te ves ridícula".

Aquí siempre el concepto central es la opción. Si elegimos ser diferentes físicamente, que sea porque de verdad queremos cambiar una característica que nos molesta. Pero que no sea una elección forzada por la presión social o por miedo a que nuestra pareja nos deje de encontrar atractivas o nos sea infiel. Toda persona está en su derecho de querer cambiar su cuerpo, pero lo importante es que sea por decisión propia. No hay que recurrir a una liposucción porque nos dijeron que estábamos gordas. Si queremos, y tenemos los medios, hagámosla. Pero no por darle el gusto a los demás, sino a nosotras mismas.

LA MEJOR CIRUGÍA: SEGURIDAD PERSONAL

No cabe duda de que la mejor cirugía plástica (y la más segura y económica) es cultivar la autoestima y la seguridad personal. ¿Qué relación tiene una cosa con la otra? Mucha.

Vivimos en una sociedad en la que los individuos tienden a dejarse llevar por parámetros externos para sentirse bien o para recibir una buena imagen del "espejo social". Es decir, lo que los otros (parientes, conocidos y amigos) piensan o dicen respecto a lo que debemos hacer. Por ejemplo, para las personas de físico esbelto o "agraciadas", todo va bien. En cambio, alguien obeso o que físicamente no cumple con los cánones de belleza establecidos, por lo general (y por desgracia) es excluido o marginado de numerosas actividades y hasta de cargos o jefaturas. Por el simple hecho de no ser un "buen modelo". Sabemos que en muchos países hay una gran cantidad de personas con trastornos de alimentación, tales como anorexia, bulimia y obesidad mórbida. Tampoco ignoramos que en ciertas épocas del año los gimnasios se llenan de hombres y mujeres que sienten que "necesitan" cambiar físicamente para ser aceptados por los demás, o solo para ver que son capaces de participar en actividades como nadar o tomar el sol en traje de baño.

Pero vivir pendientes de lo que nos aprueban los demás, sin que medien análisis personales o reflexiones acerca de los contenidos, es sencillamente agotador. Nos convertimos en esclavos de los gustos ajenos, que pueden transformarse en mandatos psicológicos y sociales. Entre los requisitos para ser aceptados están:

- Ser delgado/a.
- Ser musculoso.
- No tener arrugas.
- No tener canas.
- No tener nariz prominente.
- No tener celulitis.
- No tener várices.
- Verse físicamente menor en relación con la edad.

¿Pero a quién engañamos? Con suerte quizás a los demás, y nada más que por algún tiempo, mientras duran los efectos cosméticos. Pero en verdad estos cambios externos, por sí solos, no logran darnos definitivamente la tan ansiada seguridad personal y autoestima que necesitamos. Al final, tarde o temprano, el cuerpo retoma su desarrollo natural y todos vamos a envejecer corporalmente. ¿Por qué no tomarlo con dignidad?

Uno de los caminos más certeros para la evolución personal exitosa es precisamente lo contrario. Es el camino interno. El de la congruencia entre lo que sentimos, pensamos y mostramos. Este camino nos provee de una visión realista de lo que somos como seres únicos, con nuestras cualidades y defectos, con nuestras propias y especiales características que, finalmente, nos dan un sello o estilo personal.

Para los adultos es conveniente pensar en la verdadera escuela de la seguridad o de la inseguridad personal. Es probable que nuestra vida hubiera sido distinta si durante la infancia nuestros padres nos hubieran dicho que valíamos por lo que éramos y no por las calificaciones que obteníamos. O por lo valiente que era expresar sin temor nuestros puntos de vista, aunque fueran diferentes a los de la mayoría. O porque planteábamos ideas creativas, sin avasallar a los demás. O porque encontrábamos caminos nuevos para resolver problemas. O si nos hubieran dicho "cada vez que entregas amor y honestidad a los demás, me enorgullezco más de ti".

Basta meditar unos segundos en lo anterior para darnos cuenta de lo importante que es tener esas actitudes con nuestros hijos. Así formaremos seres que se querrán a sí mismos tal como son y, por lo tanto, tendrán más posibilidades de ser felices. Para que no se malentienda el espíritu de estas líneas, es necesario hacer de nuevo explícito que no hay nada de malo en que una mujer o un hombre quieran someterse a un cambio estético. Están en su derecho y puede causarles mucha alegría y sensación de seguridad. Pero también es prudente tener claro que no debemos cifrar nuestra autoestima y autoimagen en parámetros que no tienen que ver con nosotros como personas. Si pensamos por algunos segundos en alguien a quien admiramos, lo más probable es que en lo que menos pensemos sea en su físico, y sí lo hagamos respecto a su especial manera de ser.

LA ASERTIVIDAD, UNA HABILIDAD QUE SE APRENDE

Analizando lo expuesto es más fácil entender que la asertividad es la habilidad personal que nos permite querernos, aceptarnos y expresar sentimientos, opiniones y pensamientos en el momento oportuno, de la forma adecuada y sin negar ni desconsiderar los derechos de los otros, y que está lejos tanto de la agresividad como de la sumisión. En la práctica, esto supone el desarrollo de la capacidad para:

- Expresar sentimientos y deseos positivos o negativos de una forma eficaz, esto es, sin rechazar o menospreciar los derechos ajenos y sin crear o sentir vergüenza ni ansiedad desadaptativa ("qué bonita te ves hoy, amiga", "qué bueno fue tu consejo", "creo que eres un hijo muy bueno").

- Discriminar las ocasiones en que la expresión personal es importante y adecuada (consideración de contexto).
- Esperar que nuestra pareja haya descansado para decirle que nuestro hijo obtuvo una mala calificación, que se nos rompió un objeto valioso o que se nos olvidó pagar una cuenta.
- Encontrar el momento en que papá y mamá estén relajados para pedirles un permiso.
- Defenderse, sin agresión ni sumisión, frente a la conducta poco cooperadora, inapropiada o no razonable de los demás: "Tengo derecho a que me traten de mejor manera: te pido que me hables con un volumen más bajo y en un tono menos cortante. De no ser así, voy a dar por terminada esta conversación".

Ser asertivo proporciona grandes beneficios al ser humano. Por una parte, incrementa el autorrespeto y la satisfacción de hacer alguna cosa con la suficiente capacidad para aumentar la confianza o seguridad en uno mismo. Además, mejora la posición social, la aceptación y el respeto de los otros, en el sentido de que se reconoce la aptitud para afirmar los derechos personales.

Otra ventaja de aprender y practicar un comportamiento

asertivo es que, al expresar opiniones de manera clara, pero mostrándose considerado, se hace saber a los demás lo que uno de verdad está pensando. Con ello se consiguen sentimientos de seguridad y de reconocimiento social.

En relación con los mensajes, estos llegan de la manera más directa y sencilla posible, de forma clara y congruente. Sin embargo, hay ciertas actitudes que se traducen de inmediato en obstáculos en la comunicación y que, por lo tanto, tienden a serlo también para la asertividad.

Hay que cuidarse de lo siguiente.

- Los objetivos contradictorios. Por ejemplo, decirle a la pareja que sea puntual, pero resignarse a esperarla aunque se atrase una hora.
- Los lugares o momentos inapropiados. Por ejemplo, decir las cosas que no nos gustan cuando todavía tenemos un exceso de adrenalina.
- Los estados emocionales que perturban la atención, la comprensión y el recuerdo selectivo de episodios negativos.
- Las acusaciones, amenazas y exigencias.
- Las preguntas con recriminación. Por ejemplo: "¿Me vas a decir que no te diste cuenta?".

- Las declaraciones del tipo "tendrías que...", "haz esto", "siempre tú...".
- La inconsistencia, incoherencia o inestabilidad de los mensajes.
- Cortar abruptamente una conversación.
- Etiquetar. Por ejemplo: "Tú nunca vas a cambiar".
- Las descalificaciones constantes: "Estás gordo" o "No eres hábil para las manualidades". O "Si yo tuviera un esposo como el de mi amiga...".
- Dar consejos prematuros o no pedidos por la otra persona.
- Utilizar términos poco precisos: "Tu personalidad es tan rara".
- Juzgar o rotular los mensajes del interlocutor: "Tú, que te crees mi psicólogo".
- Ignorar mensajes importantes.
- Interpretar y hacer diagnósticos de personalidad. Por ejemplo: "Eso te pasa por ser tan egocéntrica".
- Las disputas sobre diferentes versiones de sucesos pasados: "Yo sé que tengo la razón".
- La justificación excesiva de las propias posiciones.
- Hablar en un lenguaje incomprensible.
- No escuchar.

Así como hay factores contrarios a la asertividad y que dificultan la comunicación, hay otros que son sus aliados indiscutidos. Entre ellos:

- Elegir el lugar y el momento oportuno. Por ejemplo: esperar que nuestro amigo esté descansado para formularle una crítica.
- Escuchar activamente. Por ejemplo: estar realmente interesados en lo que nos dice el otro.
- Empatizar, por ejemplo: saber quedarnos callados cuando alguien está pasando por un mal momento.
- Hacer preguntas claras y específicas.
- Abrirnos a la comunicación con los demás.
- Pedir la opinión a personas confiables, pero sabiendo que finalmente uno será el que decida.
- Manifestar los deseos o sentimientos con mensajes en primera persona: "No me gusta cuando dices eso". "Quiero hacer..." o "Yo opino...".
- Manifestar mensajes consistentes y coherentes.
- Utilizar el mismo código del interlocutor. Por ejemplo: al hablar con un niño, usemos frases cortas y concretas.
- Reforzar positivamente. Por ejemplo: "Aprecio tu honestidad".

- Acomodar el contenido a las características y posibilidades del otro. Por ejemplo: no usar conceptos técnicos que solamente un especialista comprendería. O utilizarlos, pero dando un sinónimo o ejemplo comprensible. En lugar de afirmar que "tu comportamiento tiene rasgos de un paranoico", es mejor decir "creo que me tienes desconfianza y eso me da mucha pena".
- Expresar sentimientos y observaciones específicas. Por ejemplo: "Te quiero, pero igual me da rabia cuando elevas la voz".

DERECHOS ASERTIVOS

Todos, en algún momento, le hemos recomendado a algún amigo: "Por favor, defiende tus derechos" o "no te dejes avasallar" o "tienes que hacerte respetar".

Sin embargo, cuando se trata de nosotros se produce una suerte de amnesia y no nos acordamos a tiempo de que los derechos que tienen los demás son también nuestros. Que debemos respetarlos para internalizarlos y aprender a no "atropellarnos" a nosotros mismos ni permitir que otros lo hagan.

Cuando se trata de ser asertivo, es necesario respetar nuestros derechos personales, que son muchísimos. Dentro de los más importantes se cuentan:

- Derecho a cambiar de opinión: "Antes lo veía de esa manera, pero a lo largo de los años y de la experiencia he cambiado de parecer".
- Derecho a tomar decisiones propias: "Mi amor, te quiero mucho y respeto tus opiniones, pero lo que quiero hacer en mi vida lo decidiré yo".
- Derecho a cometer errores y a ser responsables por ellos: "Hijo, perdón, me equivoqué cuando te dije que eras un tonto. Fue en un momento de rabia y no es lo que pienso".
- Derecho a ser tratados con respeto: "Si usted me sigue ofendiendo, voy a retirarme y dejaré una queja por escrito".
- Derecho a decir "no" y no sentirnos culpables por ello: "No quiero tener una tarjeta de crédito".
- Derecho a hacer menos de lo que humanamente somos capaces de hacer: "Hoy, sábado, me voy a relajar y voy a dormir una buena siesta sin sentir culpa".
- Derecho a pedir cariño de buenas maneras: "Me encantaría que me tomaras la mano o me abrazaras".
- Derecho a tomarnos tiempo para tranquilizarnos y pensar: "Lo más probable es que mañana lo vea diferente".
- Derecho a tener y expresar los propios sentimientos: "Me siento muy apenada después de lo que me dijiste en la mañana".

- Derecho a pedir información: "Doctor, por favor, dígame qué me puede pasar si no tomo este remedio".
- Derecho a sentirnos cómodos con nosotros mismos: "Me siento bien con mi cuerpo, a pesar de tener unos kilos de más".
- Derecho a reclamar los propios derechos: "Tengo derecho a que me cambien la plancha que compré y que funciona mal".
- Derecho a pedir una reparación de conducta si alguien nos ha perjudicado en algo. Por ejemplo, si en una tienda no han retirado la alarma de algún producto que uno compró, y esto trae molestias y retraso, la persona aquejada tiene todo el derecho de pedir una reparación a la tienda como, por ejemplo, un descuento adicional. (Esto en general funciona: el punto es que hay que hacerlo ver de manera abierta, tranquila y respetuosa, y con la persona que corresponda).

PARA PONER EN PRÁCTICA LOS DERECHOS ASERTIVOS ES IMPORTANTE TENER CLARO QUE:

1. Si uno no lo hace, nadie lo hará por uno.
2. Si los ponemos en práctica, cada vez nos será más fácil su aplicación, ya que las consecuencias que traen aparejadas son muy gratificantes.

- Cambiar de parecer.
- Ser el propio juez de nuestro comportamiento.
- No estar interesado en algo.
- Expresar las opiniones.
- Decir "no lo entiendo".
- No llevar "mochilas" ajenas.
- Ser diferente.
- Decir que no.
- No dar explicaciones por inseguridad.

PERCEPCIÓN SOCIAL

La percepción social es la idea que nos hacemos de otras personas, aun sin haber intercambiado ninguna palabra con ellas. Así, alguien nos puede caer mal solo porque le encontramos una postura engreída o despectiva. Muchas veces se pueden cometer graves errores cuando se etiqueta a alguien antes de darse un tiempo para conocerlo. No sería raro que, después, nos demos cuenta de que se trataba de alguien encantador y que su timidez le impedía mirar a los ojos al hablar. Otro ejemplo es pensar que porque una persona no nos mira a los ojos mientras conversa es poco sincera.

Nos dejamos llevar, en gran medida, por la *comunicación no verbal*: aquello que se dice no con palabras, sino a través de otro tipo de expresiones que a continuación se detallarán.

No todo lo que decimos llega a nuestros interlocutores como queremos que llegue. Y no se trata de un uso inadecuado del vocabulario, sino de nuestro cuerpo. A la hora de formarse la impresión de alguna persona, casi siempre la comunicación no verbal es más importante que la verbal. La postura y la mirada, sumadas a otras variables que veremos a continuación, pueden llegar a comunicar más que mil palabras. Según los expertos en el tema, más de ochenta por ciento de la imagen que uno se hace del resto de las personas proviene de la comunicación no verbal.

Nuestra mente guarda una gran cantidad de esquemas y eso es lo que nos lleva a "ver", aun sin darnos cuenta, ciertos signos capaces de abrir la comunicación. Es el caso de una cara sonriente y grata que mira directamente a los ojos. Las posturas erguidas, con cabezas ni demasiado elevadas ni demasiado bajas, son bien aceptadas.

En cambio, las posturas corporales encogidas, con los hombros hacia adelante, de alguna manera se asocian a la timidez, al susto. A veces, en relación con la voz, la forma en que una persona contesta el teléfono es determinante para que uno se sienta bien o mal tratado. Si alguien nos atiende en forma descortés cuando telefoneamos a una empresa, inmediatamente pensamos que todos quienes trabajan allí son antipáticos.

Es decir, hacemos una generalización negativa, en este caso de una organización. Lo mismo sucede a nivel más personal, cuando llamamos a una casa.

Volviendo a *la mirada*, esta es un factor generador de atención de primer orden en la comunicación. Cuando uno se dirige a otra persona, es importante verla a los ojos de forma atenta y grata, no incomodadora. Si uno está hablando con dos personas, hay que hacer contacto visual con ambas. Y si estamos dirigiéndonos a un grupo, es fundamental mirarlos a todos, pues es la forma de dar importancia visual y psicológica a nuestro(s) interlocutor(es). A esto se conoce técnicamente como realizar un "barrido de mirada".

Es importante tener presente que si dejamos de mirar a una persona en un grupo, lo más probable es que pronto se sienta excluida y baje su motivación respecto a lo conversado, o, si es muy tímida, experimente una fuerte sensación de rechazo social.

Las *manos* complementan y acompañan una idea. Sus movimientos deben ser desenvueltos y congruentes con lo que se quiere transmitir. En caso de estar frente a una audiencia, las manos no deben "marearla", pero tampoco pueden quedar ausentes de la comunicación.

La *postura corporal* tiene relación con cómo nos presentamos ante el mundo. Respecto de la percepción social, la posición preferible del cuerpo es con el frente descubierto y normalmente erguido. Es decir, sin tener las manos o los brazos cruzados, ya que esto refleja estar a la defensiva o bien cerrarse a la comunicación. Las posturas del tipo "manos en la cadera" se suelen asociar a comportamientos poco naturales, agresivos o engreídos.

En tanto, la *expresión facial* es "la cara con que nos presentamos ante el mundo". Su importancia es relevante, sobre todo cuando recién se está conociendo a alguien. Por ejemplo: cuando uno llega a un lugar y debe ser atendido, como público, casi siempre "semblantea" las caras de las personas para así elegir a quien creemos que nos atenderá de mejor manera. Por lo general nos acercamos a las caras sonrientes, que nos miran con atención y calidez.

También son importantes los *gestos* que se hacen con el rostro, como la elevación de las cejas, las sonrisas, arrugar la nariz, entre otros. Ellos ayudan a dar congruencia y connotación particular al mensaje y, por lo tanto, influyen de forma directa en la credibilidad del que habla.

Por su parte, *la voz* ayuda a dar una idea de la desenvoltura de cada cual, además también da calidez y animación al mensaje enviado. A través de matizaciones, o entonaciones diferentes que le damos al mensaje, es posible hacer más entretenida una presentación. El énfasis, por su parte, nos ayuda a expresar distintivamente los aspectos que queremos que sean recordados. Por ejemplo, decir: "¡Qué excelente tu trabajo!" o "¡esto es lo más relevante del texto!".

En fin, el tema del lenguaje del cuerpo –o no verbal– da para escribir verdaderos tratados. Y, de hecho, hay varios estudios sobre el tema que ayudan bastante al momento de tener que pararnos o sentarnos frente a alguien. Las manos cruzadas por delante, una pierna sobre la otra, el mentón apoyado en una mano, los brazos reposando sobre los lados de un sillón, todo ello refleja de alguna manera cómo nos estamos sintiendo en una situación determinada. A veces tardamos pocos minutos en formarnos una impresión de alguien y probablemente tardemos años en cambiar esa impresión, que pudo haber sido injusta. En una entrevista laboral, bastarán pocos minutos para que el entrevistador considere o descarte a un posible candidato a un cargo.

Nuestro cuerpo, nuestra cara, mirada, voz y postura corporal son componentes cruciales en la idea u opinión que los demás se forman de nosotros, y en el grado de confianza y credibilidad que logramos transmitirles.

Estemos atentos a no cometer "conductas parasitarias", las que

COMPONENTES ASERTIVOS

Verbales

Lo expresado mediante palabras.
- No asertivo
    Descalificaciones
    Rótulos
    Manipulación
    Postura de persona víctima
- Asertivo
    Descripciones de conducta
    Expresión de sentimientos
    Refuerzos positivos

No verbales

Lo que se expresa a través del cuerpo: postura, expresión facial, mirada, gestos, voz.

Cognitivos

Procesamiento interno de la información, que puede adoptar alguna de estas modalidades:
- Autoverbalizaciones
- Imágenes
- Olores
- Sonidos, etc.

Estas influyen en la manera en que nos miramos a nosotros mismos, a otras personas y a la vida.

desvían la atención de la audiencia y reflejan nerviosismo y ansiedad. Entre ellas se cuentan:

- Mover un pie constantemente.
- Morderse los dedos, jugar o tamborilear con ellos.
- Girar una y otra vez en la silla en la cual se está sentado.
- Moverse hacia atrás y adelante mientras se está hablando en público.
- Dar vuelta un lápiz reiteradamente.
- Jugar con el anillo de matrimonio.

Cuando lleguemos a un grupo que no conocemos, presentémonos de manera erguida, pero no tiesa, haciendo contacto visual, con un adecuado volumen de voz (ochenta decibeles y entre ochenta y ochenta y dos cuando se habla frente a una gran audiencia) y sonriendo de manera grata. Lo más probable es que esta sea nuestra mejor carta de presentación.

SIMPLEMENTE NO

Aunque en muchos párrafos de este libro se ha hablado, de alguna manera, de lo importante o asertivo que es aprender a decir que no, todavía considero que este tema merece tener un espacio especial.

Pocas cosas causan más incomodidad que la palabra "no". Nos cuesta escucharla y, más aún, decirla. ¿Por qué un monosílabo puede producir tantos problemas? Simple: socialmente se tiende a relacionar el decir "no" con ser descorteses o mal educados. Muchos creen que negarse a algo, además de caer mal, nos restará el afecto de los demás.

El punto es que en ocasiones simplemente no se tienen ganas o no se puede hacer algo. Por ejemplo, no queremos ir a una fiesta, no queremos prestar dinero, no queremos ser fiadores o garantes en una operación inmobiliaria, no queremos hablar de cierto tema, no queremos comprar un seguro, no queremos tener una larga conversación telefónica, no queremos colaborar con una causa determinada.

Pensemos por un momento en nuestras actitudes y en las de quienes nos rodean. Démonos cuenta de que en nuestra sociedad casi siempre las personas se quedan calladas, tratando de dilatar la respuesta, o dicen que lo van a pensar, cuando lo que realmente meditarán es cómo decir que no. Y lo más probable es que terminen diciendo "sí", o bien, que le dejen al tiempo la tarea de borrar toda huella de lo que se preguntó. Y así es como se llega a soportar estoicamente la falta de respeto por uno, al evitar expresar un "no", por temor a caer en la temida descalificación del tipo: "¡Qué persona tan grosera, qué egoísta, qué pesada, qué avara!". O, en su defecto: "¡Qué mal educada! Nunca me contestó un sí o un no".

Desde el punto de vista de la asertividad, la invitación es a respetar los derechos de los demás y también los propios.

Mirado así, es sumamente sencillo comprender que decir "no", o negarse frente a cualquier petición, es más que algo que nos corresponde como personas: es uno de los derechos más importantes que como individuos tenemos derecho a exigir.

Si lo meditamos un poco, resulta obvio que es mucho más caritativo y respetuoso contestar un "no" honesto y de buenas maneras, que distorsionar nuestro parecer y hacer que el otro pierda el tiempo.

Entonces, la tarea es aprender a decir "no" de manera asertiva. En otras palabras, de forma directa y acompañada de una comunicación no verbal tranquila y respetuosa, pero firme.

A menudo sucede que como a las personas les cuesta decir "no", se protegen con una suerte de coraza o "envalentonamiento" al enfrentar una situación en la que tienen que dar una negativa por respuesta. Así, la negación se transforma en algo terrible, hosco o de muy malos modales.

La idea es decir "no" con la misma naturalidad con que decimos "sí". Esto es sin descalificar o agredir al otro. Y si creemos que la persona o la situación lo ameritan, dar las razones claras y precisas de nuestra negativa. Un ejemplo concreto sería cuando alguien que recauda fondos para una institución de beneficencia nos pide una donación. Si no queremos darla, basta decir no con buena cara y en forma cálida. Pero en este caso no tenemos por qué deshacernos en explicaciones, como tampoco hacernos los desentendidos.

Algunas respuestas negativas, pero asertivas: "Gracias, pero me quiero probar los zapatos que están en la vidriera". "No tengo dinero para comprar eso, por favor no me insistas". "No tengo ganas de ir a pasear, pero sí de quedarme y hacer algo entretenido en la casa".

ASERTIVIDAD Y COMPETENCIA

Adoptar una conducta asertiva se traducirá siempre en una mejor autoestima y autoimagen. Vivimos en tiempos tan competitivos y estresantes que es un deber, como seres humanos, hacernos la vida grata y congruente con lo que pensamos, sentimos o valoramos.

La asertividad es un estilo de comportamiento que permite ahorrar energías y optar por seguir modelos propios, en vez de ajenos, con lo que se consiguen grados de libertad que todos como personas merecemos.

Pero ¿qué es lo que nuestra sociedad está reforzando constantemente en nosotros como individuos? ¿Que seamos creativos y diferentes y nos permitamos grados de libertad en relación con el espejo social?

Mi opinión es que ocurre lo contrario. Los reconocimientos o refuerzos positivos van por el lado de quién le gana a quién en el sueldo, en el grado académico (si se tiene una maestría se es casi un ídolo), en el atractivo físico basado en parámetros foráneos, en quién asciende más rápidamente, pero no en relación con su trabajo, sino cómo se abre paso, aunque sea a codazos, entre los demás.

Y es que nuestra sociedad maneja de manera poco asertiva el tema de la competitividad.

Para poder optimizar nuestra calidad de vida es importante mejorar algunos esquemas mentales que nos han inculcado por años de maneras múltiples: publicidad, premios externos, reconocimiento social, con el fin de convertirnos en verdaderos robots programados para reaccionar de determinada forma ante determinada situación. Estos esquemas o maneras de pensar, generalmente, nos conducen al camino contrario al que queremos llegar.

Aquí es cuando nos encontramos con lo que en psicología se llaman *esquemas cognitivos desasertivos* o con múltiples ideas irracionales. Son aquellos esquemas que nos instan a ser competitivos, más exitosos, rápidos, con más dinero o prestigio, con más atractivo personal, con más posgrados académicos y con mejor estilo para vestirnos...

Todos estos pensamientos-mandatos contribuyen a que nos autoimpongamos una serie de tareas, actividades y conductas que "debemos cumplir" para poder ser reconocidos y aceptados en nuestra sociedad. De lo contrario, llegamos a vernos ante nuestros propios ojos como poco valiosos.

La pregunta que deberíamos plantearnos ante esta situación es la siguiente: ¿por qué no bajarnos de una vez por todas de este carril de la comparación, de competir siempre con los demás y de querer estar siempre, a cualquier costo, en el lugar más alto o de éxito barato? ¿Por qué no nos comprometemos con nosotros mismos y decidimos ser consecuentes con nuestros propios gustos, principios, valores y puntos de vista u objetivos?

Ya lo dijimos: nunca seremos "monedas de oro" para todos. Siempre le caeremos mal a alguien y hay personas con las que nunca seremos afines. Es importante interiorizar esta idea y preocuparnos por actuar de acuerdo con nuestros propios estilos, ya que, de todas maneras, hagamos lo que hagamos, siempre habrá quienes nos contradigan o no nos estimen (lo que en realidad no tiene ninguna importancia). Propongo imaginar que nos cubre de un bálsamo protector que repele todo aquello que los "otros no significativos" desahoguen agresivamente a costa nuestra.

Elegimos a nuestros amigos no porque son triunfadores en la vida, sino por sus características distintivas y por el grado de compromiso y afecto que nos dan, sobre todo en los momentos en que los necesitamos.

Basta ser valioso para las personas que queremos. Eso es importante para nuestros afectos y autoestima. Quererse a uno mismo también implica ser responsable de los propios actos. Esto incluye no hacerse la víctima y reconocer la cuota de responsabilidad en lo que nos pase. Por ejemplo, en vez de decir "mi esposo me grita" o "mi jefe me trata mal", deberíamos repensar el mensaje y reconocer que "yo permito que mi esposo me grite" o "yo acepto que mi jefe me trate mal".

Entonces veremos que está en nosotros mismos el cambiar las situaciones que nos desagradan y que constituyen un problema para nuestro bienestar. (Se excluyen aquellos sucesos de emergencia o de presión límite, como un asalto o un accidente). Tal vez sea el momento de recordar que, para que exista un problema, tiene que existir también una solución. Esta la tenemos en nuestras manos.

La calidad de vida está dada en gran parte por dejar de ser uno más en el rebaño y perder el miedo a ser diferente de la mayoría. Si nos diéramos permiso para ser más directos, sinceros, autónomos y libres por dentro, nos llevaríamos una grata sorpresa al ver que ello redunda en una calidad de vida más plena y consecuente.

Hay que dejar de lado la idea de que solo las personas validadas socialmente son importantes. Todos somos importantes y únicos. Y así como respetamos a los demás, debemos respetarnos a nosotros mismos con nuestras propias características y particulares historias de vida. La gratificación interna que proviene de actuar honestamente conduce al parámetro inequívoco de la conducta asertiva, que es el bienestar personal. Solo una vez que se está satisfecho con uno mismo, es posible pretender que esa actitud se refleje en las relaciones con las demás personas. Sin duda, en este punto los hijos son los principales actores y nosotros somos responsables de mostrarles otro tipo de sociedad: una mejor y más humana.

PADRES Y ADOLESCENTES

Muy pocos que hayan pasado por la adolescencia pueden decir que nunca se sintieron incomprendidos por sus padres. Y al revés: nadie que haya tenido un hijo o una hija adolescente puede afirmar que nunca les costó comunicarse con él o con ella.

¿Dónde está la complicación? Es la pregunta que todos nos hemos hecho alguna vez, desde cualquiera de los dos "bandos". Si nos ponemos en el papel de padres, hay que reconocer que las relaciones que establecemos con los hijos van cambiando a través de tiempo y, en muchas ocasiones, es difícil amoldarnos a ellos.

Cuando los hijos son pequeños, la relación es mucho más fácil. Cuesta poco conducirlos por "nuestro lado de la acera" e inculcarles los valores en los que creemos, nuestros gustos y estilos de comunicación. Sin embargo, a medida que crecen, paulatinamente se vuelven más autónomos e independientes de criterio. Aunque esta actitud dificulta los acuerdos con ellos, es la manera más sana de crecer y evolucionar como personas diferentes de los progenitores.

Pero cuesta soltarles la mano y dejarlos elegir su propio camino. Siempre parecerá que el nuestro es el más seguro, cálido y correcto. Difícilmente algún papá o mamá podrá negar que más de una vez ha deseado fervientemente acompañar a sus hijos adolescentes en sus procesos y cambios, y conocer detalles de su vida cotidiana. Pero no hay que olvidar que la mayoría de los jóvenes busca, precisamente, todo lo contrario: diferenciarse lo más posible de sus padres y compartir sus vivencias con personas de su edad o con modelos elegidos por ellos. Es fundamental respetar esta postura en los jóvenes, ya que eso tiene directa relación con la preparación para su vida adulta y su autonomía futura.

A medida que crecen, ellos comienzan a ver el mundo con otros ojos, a descubrir una serie de verdades con su mirada y con su corazón. Así es como los padres y las madres —que alguna vez fueron perfectos, algo así como ídolos dignos de imitar en el día a día— en un momento dejan de ser todopoderosos y progresivamente los adolescentes comienzan a descubrir en ellos una serie de defectos o, mejor dicho, imperfecciones. No importa si se justifica o no esta percepción. Parte importante de las tareas que impone el paso de joven a adulto es, precisamente, diferenciarse de estos últimos y de los padres en particular.

Lo anterior conlleva una serie de cambios, entre los cuales se encuentran los físicos y las maneras peculiares de arreglarse para marcar esa diferencia. Hoy son los aros en la nariz, en los párpados, en el ombligo, las cejas y hasta en la lengua. Igualmente, en la actualidad existe una preferencia por los extremos: pelo largo o rapado, pantalones agujereados y camisetas deshilachadas, tatuajes, en fin, todo aquello que les ayude a ser distintos ante los adultos, pero semejantes entre ellos o entre subgrupos. También, como en todas las épocas, surgen maneras, modas en el hablar y formas especiales de decir las cosas, que suelen ser muy lejanas del estilo de lenguaje que se comparte en la familia o con otros adultos. Desde su lado de la calle, los padres observan estos cambios bastante atónitos. "Shockeados", como mínimo, especialmente en un primer momento. Entonces, olvidan que ellos pasaron por lo mismo (aunque a través de otras expresiones) y muchas veces eligen el camino de la descalificación y de la crítica constante hacia los hijos. Así, hay frases que pasan a formar parte del diccionario universal de los mayores. Tal vez, reemplazando algunas palabras por un sinónimo, tú reconozcas algunas: "Te ves ridículo". "¿Para que andes de esta manera te pagamos un colegio caro?". "No te atrevas a saludar a tus abuelos vestida así". "Podrías arreglarte para verte un poco más decente". "¿Puedes dejar de decir palabras raras?".

Con este tipo de verbalizaciones y juicios, lo natural es que el joven tienda a ponerse a la defensiva y se cierre frente a sus padres. Seguramente sus penas, angustias, dudas y problemas pasarán directo a los oídos de los amigos, en lugar de los del papá o la mamá.

Entonces, igual que en el caso anterior, hay también frases universales, como: "Mis padres nunca me entienden". "Parece que ellos nunca fueron jóvenes". "Son demasiado prejuiciosos". "Ellos creen que nunca se equivocan".

Al sentirse incomprendidos por los adultos, los jóvenes reaccionan de manera incluso más opuesta al estilo de los mayores y, muchas veces, esconden tristezas y frustraciones, debido a que no se sienten aceptados por los padres.

Frente a esto, ¿qué podemos hacer? En verdad, muchas cosas, empezando por buscar un estilo asertivo de comunicación.

Ya hemos visto que una de las características de la comunicación asertiva es el respeto que le debemos a las personas.

En este caso, son los hijos los que merecen ser escuchados y entendidos desde sus propios estilos, tanto de su apariencia externa como de su manera de hablar. En la medida en que nos liberemos de las constantes descalificaciones hacia ellos y nos mostremos dispuestos a escucharlos cálidamente, es probable que se abran y nos dejen ver sus sentimientos, dudas y aflicciones.

Lo anterior no debe confundirse con consentir a los adolescentes en todo. Las reglas claras deben existir y seguir cumpliéndose, aunque con las debidas adecuaciones a sus edades y maneras de ser. Sin embargo, no hay que olvidar que la educación que se les brinda a los hijos no puede consistir solo en reglas.

Para una buena relación y un adecuado desarrollo de su personalidad es fundamental aprender a conversar con ellos de una manera directa, sencilla y, sobre todo, respetuosa.

Para lograr los objetivos propuestos es adecuado generar instancias que faciliten el acercamiento. Por ejemplo, una buena idea puede ser contarles cosas de nuestra propia juventud o experiencias personales tempranas, con el fin de que se sientan comprendidos. Además, es una manera de hacerles ver que uno, como padre o madre, también pasó por vivencias similares. Así, cercanos a ellos, pero no por encima de ellos, surge la empatía, que es la capacidad de ponernos afectivamente en el lugar de otra persona y que, en este caso, se convierte en la mejor herramienta en el difícil trabajo de lograr que los hijos se sientan auténticamente comprendidos y aceptados. Ello, a pesar de los errores o las diferencias de pensamiento y de estilos que tengan con sus anticuados, aunque queridos padres.

También es conveniente que los padres recurran al "dato histórico". Es decir, a la manera en que nos hemos presentado ante ellos durante su vida. Sería el momento de contestarnos con honestidad preguntas como ¿hemos sido padres omnipotentes, dictatoriales, sermoneadores? Si la respuesta es afirmativa, lo más probable es que nuestros hijos adolescentes adopten una manera distante e irónica de comunicarse con nosotros. Frases del tipo: "Claro, como ellos nunca se equivocan..." dejan traslucir rebeldía por haberse educado con padres "perfectos", incapaces de reconocer sus debilidades o errores. No cabe duda de que una de las más grandes equivocaciones es proyectar a los hijos una imagen de perfección. ¿La razón? Simple: porque es imposible serlo y a los adolescentes no los podemos engañar. Ellos, más que nadie, se dan cuenta de cada error que cometemos y, sobre todo, de cada incongruencia, injusticia o doble discurso que observan en nosotros.

Reconocer los errores es una tarea fundamental para los padres que quieran ser asertivos. Esta actitud, además, ayuda a que los hijos la incorporen tomando a sus mayores como modelos. Solo por medio del reconocimiento de un error es posible hacer una reparación de conducta. Si uno no admite que se ha equivocado, ¿qué va a reparar?

En síntesis, como padres tenemos una gran responsabilidad ante nuestros hijos: ser realistas, directos, honestos, adecuados, pero firmes en nuestros valores y en los objetivos a alcanzar.

Ninguna receta es mágica o infalible, menos en el ámbito de las relaciones personales. A pesar de ello, podemos estar seguros de que estas simples técnicas, validadas a través de la práctica clínica y de la experiencia de vida, son una eficiente ayuda cuando se quiere compartir el camino con los hijos. Hoy podemos transitar por el nuestro, pero no olvidemos que también es importante mirar el mundo desde el de ellos. Sin duda, diferentes perspectivas enriquecen ambas visiones.

En la relación padres-hijos es fundamental que los progenitores tomen conciencia de que en todo momento están siendo modelos de comportamiento. Lo más significativo que aprenden los hijos cuando son pequeños es básicamente lo que les transmitimos por medio de nuestras conductas. Los niños son como verdaderas esponjas que absorben todo lo que ven y por eso es tan importante que los padres sean congruentes respecto de lo que dicen y lo que hacen, en especial durante los primeros cinco años de vida de los niños. Cuando uno, como adulto, habla mal de los demás, dice malas palabras, es poco respetuoso en el trato, lo más probable es que los hijos repitan estas conductas. En cambio, si los padres son reconocedores de lo bueno y respetuosos con el prójimo, los hijos van a tomar ese comportamiento como una conducta natural en sus vidas. Si hubiera que reducir esto a fórmulas más o menos sencillas, se podría decir que con padres poco expresivos afectivamente, habrá hijos poco expresivos afectivamente; con padres con un comportamiento asertivo, habrá hijos con un comportamiento asertivo.

La archiconocida frase de que "nadie enseña a educar" encierra una gran verdad. Por fortuna, estamos cada vez más lejos del modelo aversivo, ese que dice que es más fácil castigar y que "la letra con sangre entra". Pero también es cierto que, al abandonarse progresivamente ese comportamiento, pareciera que la aplicación de la disciplina se hace más difícil. Es verdad. Sabemos que el castigo no sirve. Entonces, ¿cómo tener éxito en el aspecto disciplinario de manera asertiva?

La respuesta es sencilla: por medio de un lenguaje directo, proporcionado, reflexivo y respetuoso, que deje clara la relación jerárquica entre padres e hijos. Esto implica, entre otras cosas, que quede establecido que el papá y la mamá son los encargados de poner las reglas del juego, hasta que los niños sean mayores de edad. Lo anterior se refiere especialmente a respetar los usos y costumbres y que, en caso de no ser cumplidos, se tomarán medidas disciplinarias. Estas últimas son técnicas provenientes de la psicología del aprendizaje. Tienen que ver con dejarle claro al hijo las cosas que no se pueden negociar y que, cuando no se cumplan estos puntos, el costo de respuesta será le desaparición de un estímulo positivo. Por ejemplo, si después de decirle a un hijo adolescente que vuelva de una fiesta a determinada hora, él llega más tarde, un buen costo de respuesta puede ser quitarle el permiso para ir a otra fiesta el próximo fin de semana. Esto es importante generalizarlo en la casa, en la escuela y en otros lugares donde los pequeños o los jóvenes se desenvuelven. Es fundamental hacer una ecuación entre lo que les vamos a permitir como hijos "en camino de la adultez" y lo que les vamos a pedir.

Ciertamente hay algunos aspectos que pueden ser negociables: frecuencia de fiestas por semana, permiso para iniciar un noviazgo, respeto por actividades o *hobbies* propios de su edad, flexibilidad en la toma de decisiones sobre ropa, ideologías, elección de carreras profesionales o futuras actividades.

Pero hay otras situaciones sobre las cuales no hay cabida para la negociación. Por ejemplo, defensa de valores como honestidad, responsabilidad, caridad, respeto hacia los demás, cumplimiento de compromisos y de ciertos hábitos básicos para la mejor convivencia, como ordenar su habitación o lavar los platos, entre otros.

La idea central es que exista un equilibrio entre lo que el hijo debe cumplir y lo que recibe como refuerzos positivos. Esto genera en los jóvenes un sentimiento de justicia muy importante en esa etapa de la vida.

Cada padre y madre debe formular un proyecto actualizado en relación con el estilo de educación que dará a sus hijos adolescentes, según sus criterios, valores y jerarquías, actuando como personas maduras en torno a ciertos temas. Nuestros hijos están en esa sutil y compleja etapa en la que dejaron de ser niños hace rato, pero aún no son adultos.

La demostración de afecto es otro punto fundamental en la formación de los jóvenes. Como padres, es necesario tomar conciencia de lo importante que es este tema para los hijos. Ellos siempre están pendientes de nuestras manifestaciones de cariño —lo admitan o no—, y los afectos y reconocimientos positivos hacia ellos les servirán toda la vida, para la autoestima y la autoimagen que se formarán a través de los años.

Los papás deberíamos ocupar más tiempo en decirles a los hijos lo que nos gusta de ellos y cuánto los queremos, como también explicitarles lo importantes que son en nuestras vidas y la felicidad que nos aportan. Por ejemplo, en una situación específica, se les puede aclarar: "Aunque estoy molesto por tu comportamiento, eso no quiere decir que no te quiera o deje de reconocer tus cualidades". Lo mágico de las demostraciones de afecto es que producen círculos virtuosos en las diferentes áreas de la vida y que, en definitiva, van estrechando lazos entre padres e hijos y estableciendo códigos de confianza y respeto mutuo.

Por parte de los padres, es común tratar de acercarse a los hijos pretendiendo transformarse en "amigos". Este hecho, que para algunos puede reflejar el éxito de la relación, en realidad tiene el efecto de confundir aún más al joven en términos psicológicos: por un lado, lo están tratando con confianza y, por otro, sin aviso previo, los mayores hacen uso de su jerarquía y lo desconciertan. En este sentido, lo más asertivo es mantener una relación jerárquica de superioridad, pero cercana en lo afectivo. Para fomentar la seguridad y la desenvoltura en el hijo, se puede aprender a explicitar todo lo positivo que tenga, en relación con su comportamiento sociable y desenvuelto con los demás. Reforzar positivamente en el proceso de aprendizaje es fundamental y se traduce en que el niño o el joven se siente tan motivado que su objetivo inmediato es llegar a ser aún mejor en esa determinada área. Así, se produce exactamente lo contrario que con una medida de castigo. Cuando se pretende corregir una conducta usando el estilo aversivo, efectivamente se logra reprimirla, pero por temor de quien fue sancionado y no porque se esté aprendiendo la manera correcta de actuar. Además, hay que considerar que muchas veces la conducta castigada se torna rebelde y el escarmiento no es para nada eficiente en términos disciplinarios, como sí lo es el refuerzo positivo.

Entonces, a la pregunta de qué hacer cuando algo no nos parece bien en nuestros hijos, hay que responder: aplicar una medida disciplinaria como el *costo de respuesta*. En la vida, los seres humanos siempre tenemos estos costos de respuesta que, en otras palabras, significan una consecuencia directa de lo que ha sido nuestro comportamiento. Por ejemplo, si no pagamos una cuenta, en consecuencia, recibimos una sanción por ello (multas, intereses, interrupción del servicio, etc.). Mirado desde otro punto de vista, si somos respetuosos con los demás, recibimos respeto.

Educar con el modelo de costo de respuesta es algo que sirve durante toda la vida, pues se trata de una medida realista.

En síntesis, significa retirar un estímulo positivo (algo que le guste mucho al hijo), como consecuencia de haber sido advertido de que eso pasaría en caso de presentar una conducta considerada negativa.

Para que el proceso sea eficiente y adecuado, la severidad del costo de respuesta debe ser proporcional a la falta cometida. Si un niño de ocho años tiene problemas de indisciplina, el costo de respuesta podría ser un fin de semana sin televisión y no un mes. Cuando se aplica un costo de respuesta por más tiempo del que corresponde, los hijos tienden a desmotivarse, a decepcionarse y se pierde todo el efecto de la medida en cuestión.

Es importante que tengan claro que aplicar una medida disciplinaria no tiene que ver con el cariño que incondicionalmente sentimos por ellos. Es decir, aunque les estemos quitando algo que les guste, eso no ocurrirá con nuestro cariño. El cariño no está condicionado a estas medidas disciplinarias.

LA ENSEÑANZA DE LOS AFECTOS

Otra pregunta que se hacen los padres es cómo enseñarles a los hijos a ser desenvueltos. La forma más simple es ser el ejemplo, practicándolo como adultos en diferentes contextos. Hay que tener presente que nuestra sociedad no suele mostrar conductas asertivas y, por lo tanto, somos los padres quienes debemos ser modelos para nuestros hijos en comportamientos tales como hablar con las personas. Por ejemplo, saludar, pedir información, dar las gracias.

Otros ejemplos de conductas asertivas son darnos permiso para exponer nuestras ideas y contar nuestros pensamientos a los demás, aunque no seamos eruditos en la materia. Recordemos que todos tenemos opiniones y es importante expresarlas.

Toda instancia de desenvoltura, por pequeña que sea, debe ser reforzada. Un ejemplo que me tocó presenciar hace algunos años fue el siguiente: una familia —padres y dos hijos— se encontraba en un restaurante. Al más pequeño de los niños, de aproximadamente seis años, le tocó su carne cruda. Entonces, le hizo ver el problema a su papá, quien le respondió: "Bien, dile al mesero". Y el niño, con naturalidad, levantó su mano y le dijo al camarero: "Oye, ¿me podrías cocer más mi carne, por favor?". Después de esto, el padre besó a su hijo y le dijo: "Te felicito, así se hace". Lo más probable es que en la misma situación, otro papá le diga a su hijo: "Cómetela sin quejarte" o "Yo le voy a decir al camarero que te cueza más la carne".

Siempre se debe procurar que toda conducta desenvuelta vaya acompañada de respeto a los demás. Una cosa es atreverse a hablar en público y otra interrumpir o no dejar hablar al resto. El tacto y los sentimientos de respeto hacia el prójimo generan la gran diferencia entre la desenvoltura a secas y la asertividad.

Respecto de los agentes de socialización es importante estar al tanto de cómo la escuela incentiva la desenvoltura. Se puede practicar a través de disertaciones, exposición de temas y potenciamiento de la creatividad.

Cuando se trata de comprobar si los hijos se comportan de

manera asertiva, un camino puede ser cotejar diferentes escenarios. Por ejemplo, ver si en la casa hacen preguntas, si no se quedan con contenidos guardados y, en general, observar si se ven contentos. En tanto, respecto de la escuela hay que preocuparse de saber si tienen amigos, si realizan actividades grupales en los recreos, si invitan compañeros a la casa y, más importante aún, si ellos son invitados a casas de compañeros o amigos.

Debemos recordar que las personas que no tienen complicaciones psicológicas, por lo general funcionan también de manera simple en relación con los demás y son capaces de mostrar sus sentimientos –tanto placenteros como de desagrado– con honestidad y sin pudor, aunque sí adecuadamente respecto al ambiente en que se encuentran. Esto último es lo que se conoce como *consideración de contexto*. Y esta adecuación es tan importante que si no la tenemos, nuestros mensajes pueden perderse. Por ejemplo, cuando alguien hace alguna crítica a otro delante de terceros.

Para que todo funcione como es debido, es fundamental que los padres actúen como bloque, aunque no vivan juntos. Ellos deben ser una unidad comunicacional respecto a los hijos. Es decir, ponerse de acuerdo para manifestarles qué conductas esperan de ellos, las medidas disciplinarias que se aplicarán si no cumplen con lo que se les pide y los permisos o estímulos que van a conseguir.

A fin de que este bloque madre-padre resulte fluido es importante que los papás acuerden con antelación los planteamientos que van a conversar con los hijos, así como también qué respuestas van a dar a las posibles preguntas que ellos planteen. Los hijos, especialmente los adolescentes, siempre esperan recibir directrices de los padres, pues les ayuda a tener esquemas más claros sobre lo que se espera de ellos. Cuando las opiniones de los padres son divergentes, tienden a confundirse y lo más probable es que traten de manipular al papá o a la mamá, dependiendo de a quién encuentren más débil (papá-bueno y mamá-mala, o viceversa).

Lo anterior es válido para niños pequeños o adolescentes, pero también hay formas de ser asertivos con los hijos adultos. Con ellos la comunicación se torna más simétrica y es necesario que los padres se sensibilicen ante la adultez de los hijos, sin olvidar que llegó el momento en que tal vez sean ellos mismos, como padres, los que requieran de su ayuda.

Una buena relación en esta etapa de la vida tiene sus cimientos en el dato histórico. Es decir, en la relación que se tuvo con ellos durante la infancia y la adolescencia. Muchas veces, por tratar de darles materialmente lo más posible (lo que "uno nunca tuvo"), lo único que se consigue es que se vuelvan muy desconsiderados con los padres. Si solo hemos incentivado la preocupación de nosotros por ellos, es difícil que de adultos asuman el papel de ayudarnos. Por esto, la entrega hacia el otro debe ser siempre recíproca, ya que no es realista que los hijos vivan en una burbuja, pensando que sus padres son omnipotentes y que por lo tanto no necesitan nada.

En términos afectivos, el papá y la mamá tienen mucho que enseñar, entre otras cosas la verbalización de los afectos. Es común que usemos palabras que esconden los sentimientos y digamos frases como "siento fastidio" o "estoy aburrido", cuando en realidad lo que sentimos es pena, vergüenza o soledad. Hay que ponerles el nombre correcto a los sentimientos para que así los hijos también aprendan a reconocer los suyos y hagan de ello una conducta habitual.

Un buen ejercicio, y además entretenido, es ver juntos, padres e hijos, una película y analizar los sentimientos involucrados en el guion y lo que estos produjeron en nosotros. De esta forma se aprende a verbalizar lo que se siente y se evitan las conocidas somatizaciones que ocurren cuando se enmascaran estos sentimientos.

Es bastante más habitual de lo que parece que los niños lleguen a sentirse tan mal después de ver una película que les produjo angustia o pena no expresada, que necesiten ver a un médico. El cuerpo acusa rápidamente recibo de las emociones no liberadas, y así pueden aparecer cuadros tales como cólicos, colon irritable o úlceras.

Una parte de la enseñanza de mostrar sus sentimientos incluye mostrarles que llorar no es una debilidad, ni en mujeres ni en hombres, sino una necesidad, una expresión genuina de una emoción que se debe respetar y no descalificar. También hay otras formas tan válidas como el llanto para obtener desahogo, tales como correr, caminar con energía, gritar en un lugar desierto, hacer deporte, escribir lo que se siente, etc.

Es clarificador recordar que el cerebro humano tiene dos hemisferios. Uno es el izquierdo, el de la razón. El otro, el derecho, el de los sentimientos. Al hablar estamos expresando con el primero lo que, de alguna manera, está relacionado con el segundo. Entonces, hay que tratar de hacerlo con la mayor honestidad posible, teniendo siempre en cuenta que las emociones no son debilidades sino estados afectivos genuinos, más o menos profundos, y estables en el tiempo y que al expresarlos nos permiten ser honestos con nosotros mismos y con los demás.

Tal vez en este punto sea relevante reflexionar unos minutos para tomar conciencia de que, en definitiva, lo que nos hace felices en la vida no se relaciona en lo medular ni con el éxito ni con el dinero, sino con aquello que sentimos. Lógicamente, sin menospreciar el éxito o el dinero, que son muy reconfortantes. Sin embargo, si nos acordamos de los momentos más felices de nuestra vida, lo más probable es que en ellos aparezcan vivencias de amistad, amor, compañerismo y solidaridad, más que un fajo de "jugosos billetes".

SER ADOLESCENTE

Adolescente es una palabra fácil de decir, pero difícil de manejar. Ser joven hoy es una experiencia muy distinta a la de hace diez, veinte o más años. Actualmente, los jóvenes se enfrentan a múltiples ventanas que se abren ante sus ojos y que les permiten tener, potencialmente, crecientes grados de libertad. Esto, en muchos sentidos, es positivo. Pero, por otro lado, dicha apertura les produce bastantes complicaciones o inseguridades, ya que pueden no saber exactamente qué camino tomar en sus vidas, en sus decisiones y en sus valores.

Nuestra sociedad también es muy distinta de la de hace dos o tres décadas. De hecho, son mucho menores las diferencias que los adultos de hoy tuvieron con sus padres en la adolescencia, que las que hoy tienen los jóvenes con los suyos.

Este cambio respecto de otros tiempos se contrapone a otro fenómeno que parece mantenerse inalterable: la forma de comunicarse con los adultos. Los jóvenes siguen siendo bastante introvertidos al momento de decir, sobre todo a sus padres, lo que piensan, lo que les está pasando o lo que están sintiendo. Los padres, por otro lado, estarían gustosos de recibir una comunicación más abierta por parte de sus hijos adolescentes. Sin embargo, muchas veces se enfrentan a respuestas monosilábicas: sí, no, bueno, ya. Por ejemplo, ante la pregunta de: "¿Cómo te fue en el colegio?", por lo general recibimos un escueto "bien". Si les preguntamos: "¿Qué hiciste hoy?", lo más probable es que recibamos como respuesta un "lo mismo de siempre".

¿Cómo podemos acercarnos comunicacionalmente a los jóvenes? Algunas herramientas que sirven para abrir la comunicación son:

- *Dar información* a los jóvenes mediante conversaciones. Cuéntales cosas personales —que ellos puedan digerir—, háblales de temas de actualidad o asuntos varios, entre los cuales pueden estar la sexualidad, las opiniones que tienes respecto a la sociedad, etc. Al entregarles diferentes informaciones, lo más probable es que no se sientan presionados a tener que responder o a dar "informes personales" de sus vidas. Así se promueve la posibilidad de que el o la joven baje sus niveles de defensa y se entretenga o "enganche" con algunos de los temas expuestos, sin sentirse obligado a responder. Esta situación lo puede llevar a proseguir una conversación trivial, parecida a la que establece con sus pares. (Esta técnica es muy útil no solamente con jóvenes, sino también con personas tímidas).

- Otra herramienta consiste en *generar instancias más íntimas* (pero no coartadoras). Como, por ejemplo, salir a caminar juntos o visitar lugares donde se esté en contacto con la naturaleza. En estos contextos es más sencillo establecer comunicaciones abiertas y distendidas.

- *Que los adultos sepan adecuarse a las diferentes situaciones* es algo que ayuda mucho a los adolescentes, pues les evita sentir vergüenzas innecesarias. Por ejemplo: no tratar de compartir con los amigos de los hijos como si uno fuera de su misma edad; no vestirse de manera juvenil en situaciones formales (por ejemplo, ir a una reunión de padres vestida con una minifalda); no romper los marcos valorativos ni los límites trazados, con el fin de obtener más confianza por parte de los hijos.

- Finalmente, *generar espacios para intercambiar ideas,* conversarlas con respeto, de tal manera que el joven no sienta amenazada su aceptación como persona por parte de los mayores. Independientemente de que sus gustos o usos sean completamente diferentes a los de sus padres.

CÓMO COMUNICARNOS CON LOS *TWEENS*

Partamos por explicar este término: *tweens* se refiere a los niños que tienen entre ocho y trece años, aproximadamente, y que poseen una serie de características que los distinguen y diferencian de los niños de esa misma edad de hace un par de décadas.

Si se descuida la buena comunicación, los preadolescentes pueden generar más de un problema a los adultos. El periodo que va de los ocho a los trece años tiene una tremenda importancia en la relación futura. Hace tan solo unas décadas, los chicos de estas edades no tenían mayor influencia en las decisiones de los adultos. Tampoco ellos se imponían gracias a su grado de información ni manifestaban grandes exigencias. En cambio, a casi todos los que hoy tienen más de cuarenta años les asombra el amplio conocimiento que tienen sus hijos en materias de tecnología, por ejemplo, y se ven en serios aprietos cuando se descubren ignorantes frente a lo que para ellos es pan de cada día.

Un ejemplo: una tarea que puede ser tremenda para un adulto es cuando necesita programar la hora en el DVD. Sin embargo, para los *tweens* es simple: "es cosa de niños". A estos pequeños-grandes, los equipos electrónicos de última generación, las computadoras de cualquier complejidad, los verdaderos idiomas nuevos que trae aparejada la informática, les resultan tan naturales como lo fue la radio o la televisión para los mayores.

Ellos también están muy informados tanto de las ventajas como de las desventajas de los productos de consumo y de su diversidad. Opinan de manera segura y desenvuelta respecto de los comerciales de televisión y de las técnicas aplicadas en ellos. Y no son pocas las ocasiones en que se expresan en tono despectivo sobre alguien o algo, diciendo, por ejemplo, que "el modelo de esa computadora es pésimo, no crean en el anuncio. Les conviene comprarse de otra marca, porque esa tiene poca capacidad de memoria RAM".

Por todo lo anterior, no es difícil imaginar que si los adultos no se manejan de manera asertivísima, esos *tweens* los pueden demoler rápidamente, disminuyéndolos o dejándolos como padres o parientes furiosos, coléricos, salidos de sus casillas al momento de tener que poner en su lugar las osadías de estos niños. Por ello, es fundamental conocer algunas características de los *tweens*, que los mayores pueden reforzar.

Ante todo, es importante saber que los jóvenes de hoy están más preparados que los de antes y, por lo tanto, pueden ayudar a los adultos. Y, por qué no decirlo, enseñarles a partir de sus vastos conocimientos en materias desconocidas para las personas mayores.

La posibilidad de diálogo con los *tweens* es más grande, como también el provecho que se puede sacar de estas conversaciones. Estos jóvenes pueden participar en la elección de tipos de comidas, productos electrónicos, ropa o lugares de veraneo, lo que nos hará la vida más fácil en esos ámbitos.

Temas como la sexualidad se abordan con más facilidad, ya que los *tweens* tienen menos inhibiciones para escuchar de sus padres estos contenidos. Seguramente en la escuela estos tópicos ya han sido mencionados por los profesores de manera abierta y natural, por lo que los componentes tabú tradicionales en estos asuntos quedan desarmados.

Por lo general, estos niños-jóvenes tienen ideas precoces formadas de los variados temas de la vida, sumado a posiciones y opiniones bien fundamentadas. Es muy grato para los mayores darse cuenta de que, en comparación con sus propias historias, ellos están más adelantados en casi todos los ámbitos. Esto les permite saber antes qué quieren, qué les importa, lo que opinan respecto de tales o cuales aspectos de la sociedad.

Sus habituales paseos por internet les han brindado la posibilidad de tener amigos en todo el mundo y, consecuentemente, su universo es mucho más globalizado y heterogéneo que el que una persona mayor ni siquiera soñó con tener en su infancia.

¿En qué pueden trabajar los adultos para comunicarse asertivamente con ellos? Es importante estar informados al tocar asuntos que ellos seguro conocen a profundidad o, simple y asertivamente, decir *a priori* que los desconocen. Por ejemplo: "Hijo, yo nunca he bajado música de Internet, ¿me puedes enseñar?". Esto debe hacerse sin poner cara de disculpa o apocamiento por desconocer el tema. Es fundamental no fingir que se sabe acerca de este, ya que los *tweens* no permiten los engaños por parte de los adultos. Ello podría transformarse en desilusión y falta de confianza permanente en relación con sus conductas y conocimientos.

Los jóvenes están siempre evaluando el grado de honestidad de los mayores que les rodean, y es bajo ese prisma que se formarán —con sus patrones todavía muy idealistas— una idea que bien puede estar ligada a la confianza o, por el contrario, caer en el descrédito de sus opiniones o, peor aún, de sus personas. Se tiende a pensar que los tweens son muy avanzados. Y es cierto. Pero, por otro lado, también tienen la madurez afectiva propia de su edad. Es decir, no son adultos y es importante no olvidar ese punto. Así como el adulto puede llegar a ellos fácilmente de manera honesta en temas donde son expertos, también se puede encontrar con verdaderos acorazados cuando se trata de confiarle materias afectivas o íntimas. Es en estos asuntos donde, como personas mayores, es necesario esforzarse por crear acercamientos que les sean naturales y permitan que ellos presenten sus dudas o inseguridades de su vida y relaciones con amigos, posibles "novios" o profesores. Es decir, con todo lo que significa su mundo afectivamente importante. Es sabido que desde la prepotencia no obtenemos nada. Y a través de las preguntas, tampoco. Muchas veces en mi consultorio me ha tocado escuchar a los jóvenes quejarse, porque lo único que hacen sus papás es interrogarlos sobre sus vidas, horarios, gustos y amistades. Esto les produce sentimientos de opresión, con la consecuente rebeldía, y se cierran aún más con sus mayores.

Una manera asertiva de abrir la comunicación con los *tweens* es darles información respecto de uno mismo, contarles lo que para uno tenía importancia en esa etapa de la vida. Igualmente, reírse con ellos sobre las grandes diferencias que existen entre sus usos y costumbres, y los de uno a esa misma edad.

Al responder sus dudas o consultas, no es apropiado empezar a enumerar una serie de indicaciones o medidas que deban seguir, como tampoco mostrarse sorprendido. La naturalidad y el consejo serio, pero no grave, les pueden ayudar a formarse una mejor opinión de lo que significa ser orientado por sus padres.

Después de estas conversaciones, es preferible no hacer mención de lo que se habló frente a otros, ya que se avergonzarían. Tampoco conviene seguir dando consejos a diestra y siniestra en cualquier ámbito. El tacto y la discreción que tengamos es una herramienta mágica y respetuosa para que los hijos confíen en sus padres.

Qué estupenda oportunidad para nosotros, como padres, llegar a establecer una relación de confianza y fluida comunicación con nuestros hijos que están en pleno proceso de formación.

Recapitulando, estas son algunas consideraciones de utilidad para que los adultos se comuniquen mejor con sus hijos o *tweens* cercanos:

- Reforzar positivamente sus grados de conocimientos.
- Pedirles ayuda cuando ellos saben más.
- Respetar sus puntos de vista, aun cuando no se compartan, obviamente si estos no están en contra de valores que consideramos fundamentales.
- Crear instancias de comunicación naturales y en ambientes físicos apropiados.
- Darles información de lo que se piensa, o se pensaba, cuando se tenía su edad, pero sin la actitud de dictar cátedra.
- No volver de manera insistente a tocar esos temas conversados.
- No participar de esos temas a otros (terceras personas, familiares, etc).
- No reprochar si se equivocan por no haber escuchado los consejos entregados.
- Darles la mayor cantidad posible de información, realista y adecuada en torno al tema de la sexualidad, las drogas y otros que nos parezcan de relevancia para que ellos estén enterados.

De esta manera, y de otras que a cada cual se le ocurran en la línea del verdadero acompañamiento y guía (sin que esto signifique ser jueces y verdugos), es mucho más probable que los *tweens* se sientan acogidos por los mayores y que, a su vez, los mayores sientan que sus hijos les abren su corazón con sus preciados contenidos.

NIÑOS ASERTIVOS

Es difícil separar la conducta asertiva en las distintas etapas de la vida. En realidad, se trata de un continuo que debe estar presente en todas las acciones, independientemente de con quién o cuándo se estén desarrollando.

Por eso, todo lo dicho sobre las relaciones entre padres e hijos adolescentes es también válido cuando se trata de niños menores. Si se logra tener una relación asertiva con ellos desde que nacen, serán socializados con amor, con respeto, con reglas claras y con la cuota de autonomía acorde a su edad.

Así, ellos serán candidatos seguros a ser asertivos a lo largo de su vida. A los niños hay que enseñarles sin gritos ni mal humor. Solo con cariño, mensajes claros y congruencia.

Un niño asertivo se reconoce con facilidad porque participa

activamente cuando está con sus pares, es capaz de aportar ideas y opiniones de manera espontánea y tiene la creencia de que las cosas en general le resultan bien. En relación con sus padres, se permite tener la libertad para pedir o demandar afecto y cosas materiales, pero sin perder el respeto hacia ellos, ya sea en la forma o en el momento de hacerlo.

En lo referente a su participación en la escuela, un niño asertivo se siente confiado en la comunicación que establece con los superiores (maestros, director), considera que pertenece a esa escuela y se siente motivado a participar con entusiasmo en las actividades que le proponen.

Ya se ha dicho que los niños son verdaderas esponjas que absorben lo que sus padres o superiores les muestran como modelos. Y se refiere a aquello que aprenden no con palabras, sino por medio de la puesta en práctica de las conductas que observan a su alrededor. Ser asertivo desde la niñez es un tesoro incalculable. Provee de una base firme y confiada respecto de su seguridad personal y autoestima, lo que redunda, finalmente, en una mejor calidad de vida y en relaciones interpersonales más plenas y parejas. Los niños asertivos se atreven a hacer preguntas variadas a sus mayores respecto del mundo, de las personas y de la sexualidad, y están dispuestos a conversar dichos temas y a plantear sus propias opiniones.

Sobre su relación con el sexo opuesto, se sienten cómodos en sus interacciones y también se perciben atractivos tanto a nivel físico como de personalidad. Esto no los convierte en niños engreídos o presuntuosos, sino en seres seguros de sí mismos y de sus capacidades o características distintivas.

Si lo que se desea es lograr que los hijos sean como los niños descritos, la mayor responsabilidad está en las manos de los padres. Nuevamente aquí se plantea la importancia del aprendizaje vicario y de enseñar con el ejemplo.

ASERTIVIDAD EN PAREJA

Una de las áreas en que se hace más difícil la asertividad es en la vida de pareja. No querer herir, aspirar a satisfacer el gusto del otro, evitar las discusiones son, entre muchos más, los motivos que pueden llevar a dos personas que se quieren a no comunicarse como corresponde.

El resultado suele ser la dolorosa "olla de presión" que algún día explota y lo hace de la peor manera posible: palabras hirientes, iras contenidas, frustraciones, penas escondidas, todo sale a borbotones. El resultado final es como atravesar un campo minado donde van quedando heridos y, a veces, muertos por el camino. Por eso, cuando se habla de relaciones de pareja, resulta válido preguntarse si se trata de un arte o de una ciencia. Tal vez lo más acertado sea mezclar un poco de cada uno. Saber qué decir, cómo decirlo y cuándo hacerlo resulta fundamental en el logro de una vida compartida, plena, feliz (o al menos muy grata a escala humana) y para siempre, según se promete al emprender el camino como marido y mujer.

Por desgracia, pocas personas se detienen a pensar y a desarrollar un estilo de convivencia adecuado a las dos personalidades que se están uniendo en una vida en común. Lo habitual es caer en la maravillosa pero poco práctica ilusión de "vivir felices para siempre", que es la filosofía reinante en los enamorados. Al momento de casarse o decidir vivir juntos, todo se ve color de rosa y pareciera que el amor es ingrediente suficiente para ser felices en su existencia futura.

Pero ¿con qué se encuentran las parejas al momento de comenzar a compartir las pequeñas grandes cosas que implica una vida juntos? La respuesta es mucho más amplia de lo que cada uno puede imaginar: baño común, dormitorio común, escritorio común, armario común, cama común, cocina común... Todo pasa a ser común. Menos las costumbres, la historia personal, los datos de vida, las manías y las respectivas familias de origen.

Es entonces cuando las puertas de la realidad se abren y, aplastando las propias narices, dejan a la vista esa primera visión, casi de pesadilla, del baño después de ser usado por el otro, de los escalofriantes pelos pegados con firmeza en el jabón común, de la ropa regada por el suelo, de la manía de dormir con la ventana abierta o de hacerlo con una poco romántica pijama vieja. En otro ámbito, igual cosa ocurre cuando nos enfrentamos a los gritos o malas maneras de nuestra pareja, o a las constantes descalificaciones que realiza cuando se siente frustrada o contrariada en algo. La lista podría ser interminable.

Lo más probable es que la primera reacción sea una silenciosa pregunta: "¿Y qué hago ahora?". También es lógico imaginar que, tras el primer impacto, y recuperada la calma, uno piense: "Estoy seguro de que va a cambiar, por el gran amor que me tiene" o "lo voy a hacer cambiar por todo el cariño que le voy a dar". Gran error.

Con la mejor intención del mundo, él o ella comienza a decirle a él o ella que sería deseable dejar el baño en buenas condiciones después de usarlo; que la cocina quede limpia después de cocinar; que la ropa sucia tiene su lugar; que, cuando no están en sus pies, el lugar de los zapatos es el armario. Todas las críticas o comentarios de la manera más cariñosa. No pasa mucho tiempo antes de que el proceso de cambiar al ser amado resulte un rotundo fracaso. Algo se puede lograr, pero seguramente no en la dirección que se esperaba. Lo más probable es que el otro se canse y su furia llegue al extremo de anunciar que si vuelve a escuchar una instrucción o corrección acerca de su manera de vivir, se irá de la casa.

Es cierto que las situaciones anteriormente descritas son una caricatura de la realidad. Pero hay que reconocer que, en gran medida, reflejan el tema de fondo: **las parejas deben aprender a compartir y a respetarse en relación con las posibles diferencias del vivir cotidiano.**

Después de haber escuchado a tantas personas referirse de una manera muy dolorosa a sus relaciones de pareja, cabe preguntarse: ¿es posible tener y disfrutar de una vida compartida de manera armoniosa y respetuosa? ¿Se puede lograr que dos personas que se unieron por sentimientos positivos y con una visión de futuro puedan convivir con amor del bueno, sin destruirlo en el camino?

Sabemos que los sentimientos, en cuanto tales, no dependen de la voluntad, pero la manera de comunicarse con el otro sí se relaciona con ella y con la buena disposición. Dentro de los comportamientos que se repiten cuando una pareja asiste a terapia, se cuentan la mala comunicación y la constante manera de descalificarse entre ellos. Para la mayoría, la convivencia con otra persona que está socializada de forma diferente, que tiene costumbres, modos de ver la vida y gustos distintos, no es fácil. Si a eso se le suman la rutina, los problemas laborales y económicos y la crianza de los hijos, la situación puede convertirse en una gran bola de nieve que al final puede terminar por sepultar a la otrora tan enamorada pareja.

Si bien no es mágica ni menos constituye una panacea, la comunicación asertiva ayuda eficazmente a convivir de una manera positiva con la persona que elegimos.

Algunas conductas que nos pueden ayudar a suavizar esta relación son:

- No olvidar reconocer y explicitar lo bueno que tiene nuestra pareja.
- Ser empático con sus momentos duros o tristes.
- No juzgar sus conductas.
- No descalificarla/o.
- Conservar el sentido del humor.
- Realizar actividades en pareja, tratar que sean diferentes de las rutinarias.
- Saber pedir perdón a tiempo.
- No quedarse con contenidos guardados, pero decirlos en un momento apropiado.
- No desatender las actividades de pareja por concentrarnos solo en las de padres.

- Propiciar conversaciones entretenidas.
- Disfrutar de la compañía del otro y hacérselo saber.
- Estar más concentrados en encontrarle buenas cualidades a la pareja que al revés.
- Contar hasta cien antes de decir algo ofensivo (y luego buscar sinónimos no hirientes para referirse al tema que produce malestar).

Hay muchas más herramientas que pueden ayudar. Pero, sobre todo, es necesario tener la férrea voluntad de mantener una buena y respetuosa comunicación a través del tiempo. Muchos mirarán con incredulidad estas "recetas psicológicas", pero ¿qué se pierde con probar?

En la vida existen círculos virtuosos, es decir, que si uno tiene comportamientos constructivos y actúa con cariño, no solo hacia la pareja sino hacia los seres significativos en general, se dan resultados cada vez más positivos y recíprocos.

Solo hay que ser sinceros y querer trabajar de corazón con mucho amor y persistencia en una de las relaciones afectivas más importantes de la vida.

CUANDO EL AMOR PROVOCA SUFRIMIENTO Y DEPENDENCIA PSICOLÓGICA

Muchas veces las personas, en especial las del género femenino, están acostumbradas a pasarla muy mal en sus relaciones sentimentales y a experimentar gran ansiedad y dependencia psicológica respecto a sus parejas, que suelen distar por completo de ser compañeros de vida maduros y cálidos.

Por el contrario, se dan el lujo de actuar en forma egoísta y castigadora, produciendo tal dolor moral, que sus "víctimas" sienten que sus vidas son paupérrimas en el aspecto emocional. Pero, paradójicamente, estas últimas no son capaces de cortar estos hilos invisibles (condicionamientos y dependencias) con los que se convive por grandes periodos (algunos para toda la vida): tipos de relaciones perjudiciales que van mermando la autoestima y autoimagen de quienes no se sienten con la voluntad suficiente para salir de ellas o para buscar una pareja más sana, que esté dispuesta a entregar amor, cuidados y refuerzos positivos a quien dice amar.

Existen diversas teorías explicativas acerca de por qué se producen estas relaciones tormentosas. Entre ellas:

- Reproducción de relaciones parentales tempranas castigadoras.
- Baja autoestima y seguridad personal.
- Tendencia a considerar el sufrimiento como elemento esencial de las relaciones de pareja.
- Depresión o desesperanza aprendida.
- Aprendizaje vicario. Por ejemplo, haber visto esa conducta en modelos significativos.
- Dato histórico de madre o padre sumiso y aguantador de injusticias frente a la pareja.
- Falta de repertorio de conductas asertivas.

Lo cierto es que muchas causas pueden estar estrechamente vinculadas con el origen de aquel tipo de relaciones. Sin embargo, el sentimiento de incapacidad para salir de ellas que experimenta la mayoría de quienes las sufren son actitudes que tienen que ver con el grado de déficit o de carencias en cuanto a comportamiento asertivo. En especial se da en relación con el respeto perdido por uno mismo y por el propio valor como ser humano, independientemente de su sexo, grado de inteligencia, atractivo físico o escolaridad.

En innumerables ocasiones de práctica clínica he escuchado, con gran sorpresa, que muchas mujeres que sufren maltrato psicológico, al momento de razonar críticamente respecto al accionar malsano de sus parejas, se echan la culpa de aquellos abusos o las defienden argumentando que "lo hacen sin darse cuenta", "la pasaron muy mal en su infancia" o por su "gran inseguridad". Por supuesto, en estos casos avalan la tesis de que él (o ella) son "buenos" en el fondo.

Al escuchar atentamente a estas mujeres malheridas (u hombres malheridos, que también hay), se aprecia una falta de respeto para quererse y, sobre todo, para hacerse cargo de sus propias vidas con todo lo que ello conlleva. Es decir, aprender a vivir periodos sin pareja, poder aceptar que las personas pueden ser rechazadas por alguien amado y que con esto no se acaba el mundo. Saber que muchas otras veces el gran aprendizaje lo recibimos cuando nos damos cuenta de que no siempre lo que nos fascina o apasiona nos hace bien.

Si aplicamos la asertividad a la calidad de las relaciones de pareja que elegimos o mantenemos, estaremos siendo libres internamente para optar por quienes amamos de manera digna, y así no seremos esclavos de personas que solo sembrarán desamor en nuestros corazones. Si pensamos en tener hijos, ellos aprenderán de manera vicaria (a través de nuestro ejemplo de vida) a ser individuos que propendan a tener relaciones sentimentales sanas y constructivas.

LA SEPARACIÓN Y LOS HIJOS

Cuando uno o los dos miembros de la pareja considera que ya no pueden seguir adelante en el matrimonio o convivencia común, es muy importante ponerse de acuerdo para comunicarlo asertivamente, en primer lugar, a los hijos. Acordar cómo se lo dirán (dependiendo de las edades y de las distintas sensibilidades de cada uno) es de vital importancia, como también lo es actuar en bloque, es decir, apoyarse los dos en un mismo mensaje, para dejarles claro que esta decisión no tiene nada que ver con ellos.

Los hijos de padres separados "por vías civilizadas" están menos expuestos a sufrir psicológicamente, a diferencia de los de parejas que conviven pero en pésima armonía.

Los padres deben poner especial atención en que, una vez

realizada la separación conyugal, se respeten los siguientes puntos:

- Que los hijos sigan contando con cada uno de sus padres, por separado, pero incondicionalmente (los papás no dejan de ser papás).
- Que ninguno de los dos, papá o mamá, sea descalificado frente a los hijos.
- Que, en lo posible, no bajen drásticamente su *status* o calidad de vida: cambios de casa y colegios, realización de actividades recreativas, etc.
- Que los hijos no obtengan "ganancias extra" a raíz de la separación de los padres. Por ejemplo: si el papá o la mamá les hacían regalos una vez al mes, ahora, una vez separados, no deberían hacérselos cada vez que se ven o salen juntos.

La congruencia en las conductas de los adultos es algo esencial en esta nueva etapa. Es decir, mantener la coherencia entre lo que los padres o madres dicen y hacen, ya que ahí radica el grado de credibilidad que los hijos se formen de ellos. Es de especial importancia que los padres que se han puesto de acuerdo en días, fechas y horarios para ver a sus hijos, lo cumplan por lo menos noventa por ciento de las veces. Y si alguna vez no pueden hacerlo, lo digan con anticipación y exponiendo las verdaderas causas de esa ausencia.

Cuando una pareja se separa, en una primera etapa ambos quedan dañados y con muchas rabias y penas. Por eso es importante que cada uno le haga saber a sus hijos que son lo mejor que les pudo pasar en la vida. Que las equivocaciones suceden, pero que tenerlos como hijos es algo de lo que no se van a arrepentir nunca. Por el contrario: ellos, sus verdaderos cables a la tierra, son los que les dan las fuerzas para seguir adelante.

Separarse es doloroso. Pero más doloroso es vivir la vida mintiéndose e intentando aparentar estar bien como pareja, pero viviendo una gran soledad.

ASERTIVIDAD Y AMBIENTE LABORAL

Tal como sucede en otros ámbitos de la vida, la asertividad también es un factor importante cuando se trata del ambiente laboral. En general, la mayoría de quienes tienen un empleo pasan más horas activas en él que en sus casas. Entonces, trabajar de una manera grata es fundamental, por una serie de razones que veremos más adelante. Pero tal vez la más relevante es buscar la forma de volver al hogar contento y animoso, a pesar de que nos acompañe un gran cansancio. Así se va completando el ciclo diario de nuestra vida de manera agradable, lo que se traducirá en un bienestar general sostenido en el tiempo.

Vivimos una gloriosa era tecnológica en la que las organizaciones están cada vez más niveladas en este aspecto. Esto propicia que los clientes externos de una institución ganen en eficiencia, economía de tiempo y distancias.

Pero la diferencia que se establece entre diversas empresas y organizaciones no es solo por el producto o servicio que prestan, sino por la calidad humana de quienes trabajan en ellas. Las personas que están detrás de una entidad cualquiera y que establecen comunicaciones con los clientes, ya sea internos o externos, pasan a ser determinantes en el resultado final. Llega a ser tan gravitante la influencia que ejercen los empleados que atienden al público, que el cliente externo puede llegar a preferir una empresa menos tecnológica, aunque más humana. Un ejemplo claro lo constituyen quienes cambian un servicio por otro igual, en otro lugar, únicamente por no sentirse cómodos al ser "atendidos" por una grabadora cada vez que necesitan hacer una consulta. Para ellos, la vieja y tradicional conversación con una persona sigue siendo mucho más cálida. Si diferenciamos los planos que se dan en una empresa, se distinguen fácilmente al menos dos tipos de clientes: internos y externos.

Los internos corresponden a aquellas personas que trabajan en o para una organización y, por lo tanto, deben convivir con los demás miembros del sistema. Tal como se dijo anteriormente, estas convivencias laborales suelen prolongarse a diario por más tiempo del que se dispone muchas veces para compartir con la familia o con las amistades. Salta entonces a la vista por qué se insiste en que sean interacciones gratas, abiertas, cordiales y respetuosas.

Los climas organizacionales son complejos y sensibles a los estilos de las personas que los componen. Es así como un individuo agresivo dentro de un grupo de trabajo contamina rápidamente la fluidez y la calidad de las comunicaciones. Por ejemplo, alguien atropellador despierta rabia y resentimiento en algunos, y humillación y menoscabo en otros.

Los jefes son los encargados, en primer término, de velar para que se consiga un ambiente de trabajo grato. En este aspecto, la comunicación asertiva proporciona algunas técnicas clave que si las analizamos someramente veremos que corresponden a las mismas que se recomienda aplicar en los otros planos de la vida. Algunas de ellas son:

- *Fijar límites o explicitar las reglas con claridad.* Para mantener la armonía, es importante que cada persona sepa qué objetivos se persiguen en ese equipo de trabajo y qué se espera de cada una de ellas respecto de la meta final. En este ámbito también se sugiere establecer el estilo de comunicación con que se interactúa. Es decir, si el trato es formal, informal o intermedio. En otras palabras, hablamos de conocer la cultura organizacional, lo que también incluye la presentación personal (usar o no corbata, en el caso de los hombres), tutearse o tratarse de usted cuando se trata de jerarquías superiores, entre otras.

- *Asignar los objetivos y tareas a desarrollar por cada miembro, fijar los plazos en que deben presentarse los resultados.* Es decir, no dar las tareas por sobreentendidas, creyendo que a los demás se les va a ocurrir exactamente lo que el otro pensó.
- *Utilizar un lenguaje verbal claro,* directo y respetuoso para con los demás.
- *Considerar el contexto* en que se plantearán los comentarios, críticas, peticiones de cambio de conducta, formulación de quejas y retroalimentaciones.
- *Que la comunicación no verbal y la verbal sean congruentes y amables,* sin por eso dejar de ser seguras, firmes y concitadoras de atención, para ser escuchados como corresponde.

Todos estos aspectos deben ser explicitados por el líder, quien debe ser una persona que los demás miembros de la organización sientan como un experto. Pero por encima del conocimiento profesional que este posea, debe ser considerado como un maestro y como un ser afable y cercano, a quien se puede recurrir ante cualquier situación (incluso personal, cuando se producen emergencias en las vidas privadas).

Hoy, a un líder se le exige, aún por sobre su capacidad, ser asertivo, empático y seguro, sin que por ello pierda la calidez y la aptitud para formular refuerzos positivos a quienes realizan sus trabajos de manera acertada, constructiva y digna de felicitación.

Los ambientes asertivos son gratos y las personas que los conforman se sienten cómodas y en confianza. Están conscientes de sus tareas, pero saben que si necesitan ayuda o colaboración de los demás, se la darán de buenas maneras.

Lo que hace distinto a un equipo de un grupo de trabajo es que los equipos están integrados por individuos que apuntan hacia el mismo objetivo, por lo que se complementan y facilitan las tareas con el fin de potenciar entre todos los resultados esperados. En ellos se cumple el siguiente axioma: "El resultado final es mayor que la suma de las partes".

Mucho hemos enfatizado acerca de la importancia del refuerzo positivo en las relaciones interpersonales. El ámbito laboral no es una excepción, dado que los individuos requieren siempre de un estímulo o reconocimiento para seguir adelante. El refuerzo los hace sentirse más contentos e incentivados para perfeccionar las conductas que los han distinguido o destacado por su excelencia. En el mundo del trabajo, al igual que en cualquier otro, un refuerzo positivo es la explicitación de aquello que nos gusta de las demás personas. Los contenidos reforzados pueden ser variados y abarcan, por ejemplo, la conducta, la manera de vestirse, la espiritualidad, la emocionalidad, el intelecto y, por cierto, el modo de trabajar, presentar proyectos, ser puntual, entre otras muchas características dignas de destacar.

Para que el refuerzo positivo cumpla con la característica de ser también asertivo, debe poseer algunas condiciones básicas:

- **Ser directo en relación con lo verbal**
    Esto significa expresarlo en primera persona. Por ejemplo: "Lo que a mí me gusta de ti es..." o "Me parece muy responsable tu manera de trabajar". También debe ser directo en lo no verbal. Por ejemplo, decirlo mirando a la cara de la persona y hacerlo con una gestualidad grata, voz agradable y acogedora.

- **Ser respetuoso**

    Un refuerzo es algo que uno entrega a otro para que se sienta bien. Por lo tanto, debemos ser muy cuidadosos al momento de seleccionar tanto las palabras como las connotaciones y los contextos adecuados para darlos.

- **Ser concreto**

    Es importante explicitar el contenido o las características, ya que esto servirá de guía o retroalimentación hacia la persona, lo que la incentivará a perfeccionar aún más las capacidades destacadas.

- **Ser contingente**

    Consiste en comunicar el refuerzo en un momento cercano y oportuno al comportamiento que se quiere reconocer positivamente. Si lo hacemos después de un año de ocurrida la conducta, este efecto ya no se dará.

- **Ser honesto**

    Es condición esencial que el refuerzo positivo sea dado de manera honesta, con la finalidad de entregar algo grato y verdadero a una persona acerca de su comportamiento. No se considera refuerzo positivo asertivo el elogiar con el fin de caerle bien a alguien, de conseguir un favor a cambio, de decir algo solo por buena educación o únicamente para que el otro se sienta bien.

También es necesario decir algo más acerca de la asertividad en el trabajo desde el punto de vista de un subalterno. En este sentido es clave evitar enmascarar la no asertividad con conductas como la llamada *negocio oculto*. Esto se refiere a tratar de conseguir algo por una vía poco clara y, en definitiva, confusa. Es lo que ocurre cuando una persona sacrifica algo importante de sus derechos o preferencias, esperando que el otro haga algo específico en retribución, pero sin decirle directamente lo que espera. Por ejemplo, hay empleados que aspiran a un aumento de sueldo, una promoción o privilegios especiales, tales como llegar más tarde, entre otros. En vez de solicitarlo directamente, trabajan sobretiempo, esperando que los superiores no puedan rehusar el aumento o los privilegios. Cuando este proceder no da resultado, sienten que la organización abusa de ellos y concluyen que nunca más harán nada para nadie.

CARACTERÍSTICAS DEL MODO DE FORMULAR CRÍTICAS ASERTIVAS

Directa
- Verbal (primera persona). Ejemplo: "Quiero decirte algo de ti que no me gusta".
- No verbal: expresión facial neutra, no enojada ni severa (recordemos que no estamos retando ni enjuiciando a la otra persona, solo le estamos dando nuestro punto de vista).

Concreta

Respetuosa

ETAPAS

1. Se emite.
2. Se está seguro de que la persona criticada la comprenda.
3. La persona criticada puede:
   - Aceptarla
   - Rechazarla
   - Dejarla en pausa
4. Cerrar la crítica. Por ejemplo: "Esto era lo que te quería decir; qué bueno que lo hayas tomado bien" o "estás en tu derecho de pensarlo. Pero yo te lo quería expresar...".

Una forma de reconocer si estamos usando un negocio oculto es preguntándonos lo siguiente: "¿Me sentiría usado si la otra persona (superior) no hace lo que yo espero?". Si la respuesta es sí, es probable que efectivamente se trate de un negocio oculto.

¿Por qué es asertivo trabajar en equipo? *El trabajo en equipo, a diferencia del que se hace con un grupo de personas, es sumatorio y enriquecedor para cada uno de sus miembros.* En él, los miembros hacen lo suyo y, además, se complementan con las funciones de los otros. En el trabajo en equipo existe respeto para cada función que desempeñan las personas y no se subvalora ni se sobrevalora la tarea que cada uno de los miembros comunique o proponga a los demás, independientemente de su jerarquía.

Es importante destacar que todas las ideas son consideradas por el equipo, pues se ven como un posible aporte para el conjunto y no como una competencia desventajosa o interesada. Aquí el modelo es "ganar-ganar", lo que hace que todos los involucrados deseen y apunten a un resultado final positivo y que sea el equipo, en su totalidad y más allá de los egos particulares, el que logre los resultados esperados.

Para que todo lo anterior resulte es fundamental que exista una persona que lidere a los miembros del equipo. Esta persona debe contar con ciertas habilidades para facilitar y motivar a los demás en el logro de un sistema organizado, en pos de la consecución de las metas propuestas.

Dentro de las habilidades comunicacionales más importantes de un líder o guía de un equipo de trabajo, se cuentan las siguientes:

- Claridad de los objetivos a alcanzar.
- Simpleza para emitir los mensajes de manera directa.
- Empatía para comprender a los demás cuando tienen un problema o cometen un error involuntario.
- Saber reforzar positivamente los logros de cada uno de los miembros del equipo.
- Transmitir y compartir una gran motivación por los resultados que se pueden obtener, como también ser capaz de generar una mística en torno al logro de un trabajo realizado con esfuerzos mancomunados.
- Saber formular críticas de manera asertiva y peticiones de cambio de conductas.
- Saber jerarquizar y señalar los pasos a seguir para no perderse en el camino.
- Estar consciente de que su función como líder es tanto cognitiva como afectiva, de tal modo que no solo sea

un buen profesional, sino también una persona cercana, asertiva y un buen maestro. Alguien en quien los demás no duden en confiar cuando existan dudas o dificultades que no hayan podido sortear por sí mismos, sin temor a ser juzgados o descalificados en su honestidad.

El trabajo en equipo se relaciona de manera estrecha con la asertividad pues se desprende del modelo de competitividad destructiva e inescrupulosa y, en su lugar, demuestra que se puede trabajar incorporando y validando cada aporte individual. Finalmente, saca conclusiones mucho más creativas y ricas que las que hubieran podido salir de una sola cabeza: resolución de problemas, tiempos, experiencias personales, estrategias, etc.

ADULTO MAYOR Y ASERTIVIDAD

Hay que comenzar aclarando que en nuestra sociedad los llamados "adultos mayores" son personas que tienen más de sesenta años, lo que abarca un espectro muy amplio de gente, con diversos grados de lucidez y de comportamiento.

Excluyendo a los empresarios o individuos excepcionales que ocupan un papel importante en nuestra sociedad, los adultos mayores casi no suelen ser tomados en consideración y esa es la causa de por qué la mayoría le teme a la vejez. A nadie le gusta ser rotulado como inservible o de menor aporte a la comunidad. Pero también hay que mirar la otra cara de la moneda. Por ejemplo, en las culturas orientales, la experiencia aportada por la gente mayor es muy relevante, marca pautas y es más considerada por los más jóvenes. Incluso los rangos de mayor jerarquía en la escala social se reservan para los de más edad. ¿Qué pasa en el mundo occidental? Que no hemos aprendido a poner atención y respetar las visiones o ideas de los que han vivido más que nosotros y que, por lo tanto, nos podrían aportar desde su historia visiones, experiencias y contenidos. Información que nunca vamos a tener por el simple hecho de haber nacido en otra época.

Uno de los temores que afectan a los adultos mayores es la palabra *jubilación*. Por una parte, la han esperado por años y, por otra, experimentan grandes dificultades y niveles de angustia crecientes a medida que se acerca el momento. Esto ocurre sobre todo porque en nuestro tipo de sociedad las personas mayores de cincuenta años, y a veces mucho antes, se consideran de menor valía y por lo tanto encontrar algún nuevo trabajo es casi imposible. ¿Verdad que esto forma parte del verdadero subdesarrollo de una sociedad?

Es importante observar las destrezas que las personas adquieren a medida que avanzan los años. Suele haber mayor serenidad y ritmo adecuado. Se preocupan más por los detalles y por terminar las tareas emprendidas. Los adultos mayores son, en general, más ubicados en su forma de decir las cosas, como también más responsables en relación con sus quehaceres y compromisos.

La angustia que genera el fin de la vida laboral es comprensible. Al llegar la jubilación pareciera que el concepto se extiende más allá del ámbito de la oficina y abarca la vida en general. Nuestro medio suele jubilar también a la gente como "personas pensantes", que aportan, que tienen los mismos derechos a plantear ideas o a enseñar a los demás a través de su experiencia.

A los jubilados se les excluye paulatinamente de las materias y actividades que realiza la población más joven. Es así como surge una serie de instancias que convierten a los mayores en una especie de "personita" a la que hay que tratar bien y dar la oportunidad de viajar o de hacer reuniones o cursos semanales con sus congéneres, pero sin prestar mucha atención a sus opiniones y a lo que pueda aportar a la vida de los demás.

La invitación para quienes están todavía bajo la línea de los sesenta años es aprender a respetar a las personas mayores. Esto no significa tenerles lástima, sino saber valorar sus características, enseñanzas y aportes, por medio de sus actos y maneras de ser.

Es nuestro deber ayudar a los adultos mayores cuando ellos lo necesiten. Por ejemplo, cuando su cuerpo necesita un apoyo, pero su cabeza está en impecables condiciones, qué interesante puede resultar una conversación con ellos. Si no los hacemos partícipes de nuestras contingencias, se irán quedando desconectados de nosotros y no será su responsabilidad, sino la nuestra.

En todas las etapas de la vida solemos pensar que las personas mayores "no nos van a entender". La verdad es que estamos tan equivocados como cuando los adolescentes piensan lo mismo de sus padres. La experiencia muestra cómo muchos abuelos se quejan de los comentarios que les hacen sus nietos cuando ellos participan de una conversación familiar. La típica intervención de los jóvenes es del tipo: "Abuelita, si no entiendes estas cosas, ¿para qué opinas?".

¿Cómo se sentiría cualquier persona al ser tratada de esa manera? ¿Le darán ganas de seguir expresando sus ideas o pensamientos? Lo más seguro es que no. También es probable que finalmente opte por compartir sus sentimientos solo con personas de su misma edad, quienes, seguramente, lo comprenderán y no lo van a enjuiciar o a tratar como bichos raros.

Pero no depende solo de la actitud de los más jóvenes. Los adultos mayores también tienen responsabilidad en cómo son tratados. Siempre pueden poner bastante de su parte para que la interrelación con las personas menores resulte más grata y enriquecedora. Un caso concreto es su respuesta ante los particulares modos de vestirse y de actuar de los adolescentes.

A menudo se suscita su reproche o descalificación frente a las preferencias juveniles. Es común oír frases como: "Niño, ¿cómo te pones esos pantalones con agujeros? ¡Qué horror!". En este punto, la idea es ser más flexibles e, incluso, usar el sentido del humor en cuanto a los gustos de la juventud, en tanto que no los avasallen. El resultado será que los nietos y sus amigos se sentirán a gusto y en confianza para poder expresar sus ideas y, mejor aún, para abrir sus corazones y contar sus vivencias sin sentirse enjuiciados o rotulados de forma negativa.

A los adultos mayores les hace muy bien el contacto con personas más jóvenes. Pero el éxito de esas relaciones depende mucho de la actitud de ambas partes. Es necesario que haya respeto y aceptación de las respectivas maneras de ser, de comportarse y de pensar.

Los adultos, y no solo los mayores, suelen desconsiderar los valiosos contenidos que aportan los jóvenes debido al "envase" en que los presentan. Sin embargo, si toman su forma de ser como algo propio de su edad y de las motivaciones de diferenciación, pueden quedarse con lo que verdaderamente importa en relación con las personas: sus pensamientos, sentimientos, intenciones y valores. Así disfrutarán realmente de los novedosos puntos de vista que solo ellos pueden entregar.

Otra tarea importante para los adultos mayores es aprender a no dejarse llevar por el mal humor o el alegato permanente. Es necesario que se adapten y cambien la costumbre de quejarse por casi todo con la típica frase: "Los tiempos pasados eran mejores".

Veamos algunas conductas asertivas que los adultos mayores pueden incorporar a su pauta de comportamiento para tener mejores relaciones con los demás y con ellos mismos:

- Explicitar lo que piensan, sienten u opinan, pero sin avasallar a los otros. Es importante no jactarse de ser superior solo por tener más edad.
- Pedir ayuda de buenas maneras cuando se necesite algo y hacerlo con un mensaje muy directo. Por ejemplo: "¿Me puedes ayudar a bajar las escaleras?".
- Poner en práctica el sentido del humor al comparar costumbres antiguas con las modernas.
- Tomar con sabiduría y tranquilidad los cambios de vestuario y manera de hablar, en comparación con los usos y costumbres de su época.
- Omitir la frase: "Antes, las personas y el mundo eran mejores".
- No usar lenguaje de víctima cuando se quiera pedir alguna cosa o cuando se quiera que algo sea diferente.

- Estar abierto a aprender términos de los jóvenes, con el fin de poder entenderlos mejor cuando hablan.
- No descalificar *a priori* a las personas por ser más jóvenes.
- Disfrutar del intercambio que se puede vivir entre gente de diferentes edades.
- Dar consejos sin tratar de imponerlos.
- No pensar que el mundo debe girar en torno suyo (aunque esta recomendación es válida para todas las edades).
- Aprender a disfrutar del día a día, sin adelantarse a posibles hechos catastróficos.
- Reformular cognitivamente (cambiar tipos de pensamientos) sobre la etapa de adulto mayor y verla ahora como un gran periodo de la vida que les permita hacer lo que antes no pudieron por falta de tiempo o de oportunidades.

LOS AFECTOS Y LA EMPATÍA

Si bien es cierto que se puede pasar gran parte de la vida sin demostrar lo que se siente, en realidad es muy difícil no sentir. En nuestro modelo de sociedad es raro que se verbalicen los afectos. Los hombres se inhiben de hacerlo por miedo a parecer débiles y muchas mujeres tampoco lo hacen para que no las consideren "tontas".

La relación entre asertividad y explicitación de los afectos es estrecha. A mayor asertividad es más grato y natural decir "te quiero" o permitirnos expresar nuestras rabias y tristezas.

Es usual que entre las personas tímidas surjan vergüenzas e inhibiciones al momento de decir abierta y llanamente lo que sienten. A menudo les resulta más fácil expresar palabras racionales o vagas que hablar con el corazón. Por ejemplo: en la sesión de terapia muchas veces he escuchado a algunos jóvenes decir que no hicieron algo por "lata". Pero cuando les digo, en broma, "¡Ah!, una lata de conserva", me responden: "Nooo, pues... Tú sabes...". Finalmente, y después de sacarlo con cuchara, la "lata" significaba pena, vergüenza o incluso depresión.

Es necesario, y sano, perder la vergüenza y demostrar los afectos de forma selectiva: a quienes realmente se les quieren expresar. Poco a poco, la persona se sentirá más aliviada y más conforme con el grado de congruencia entre lo que demuestra y lo que siente.

Una consecuencia muy importante de esta práctica es que, al reconocer y permitirse expresar los propios sentimientos, es posible hacer una conexión directa con los afectos de los demás. Esto es lo que se llama *capacidad de empatizar con el otro* y nos permite comprender sin juzgar. Empatía es la capacidad de ponerse afectivamente en el lugar de otra persona.

Muchas veces escuchamos con atención los temas, preocupaciones, proyectos, frustraciones, confidencias y sentimientos de personas que han depositado su confianza en nosotros. Sin embargo, es probable que esta atención seria y respetuosa de nuestra parte esté centrada en una retención y análisis lógico, racional y ajustado de modo coherente a los contenidos que se nos confiaron en la intimidad. Con este modo de escuchar, posiblemente respondamos con consejos o con juicios, aunque con buena intención. También que hagamos recomendaciones acerca de cómo pueden salir de sus equivocaciones o problemas e indiquemos la mejor forma de manejar sus estados de ánimo, sus relaciones de pareja, su vida. Este tipo de recomendaciones puede servir a la persona afectada, pero difícilmente la hará sentirse comprendida o contenida afectivamente. Puede incluso llegar a sentirse insegura, incomprendida y experimentar angustia y tristeza.

En la práctica, la empatía es ponerse en el lugar del otro. Y, por lo tanto, realizar un acercamiento con relación a su mundo afectivo, sus sentimientos y emociones. Ello propicia una compenetración con los problemas de la persona en cuestión y en sus circunstancias, como si uno fuera esa otra persona.

Aun así, como nadie es exactamente igual a otro, esto no puede llevarse a la práctica cien por ciento. Pero el simple acto de salirse de uno mismo y tratar de ver el mundo desde la realidad de quien está en problemas produce un gran acercamiento que permite, de verdad y no solo a través de un discurso teórico-racional, acompañar y no enjuiciar a quien vive una situación difícil.

La empatía también permite que las personas puedan ser aceptadas y escuchadas. Lo cual no implica que busquen un consejo o un guía, sino únicamente contar sus sentimientos. Tal vez lo que necesiten como respuesta sea el simple y valioso acto de saber a quién confiar sus pesares, sin dar más explicaciones al respecto. Lo más importante para ellos es tener la certeza de que quien los escucha no los va a criticar en forma destructiva ni los va a enjuiciar lapidariamente, aun cuando no esté de acuerdo con su proceder. ¡Eso es empatía!

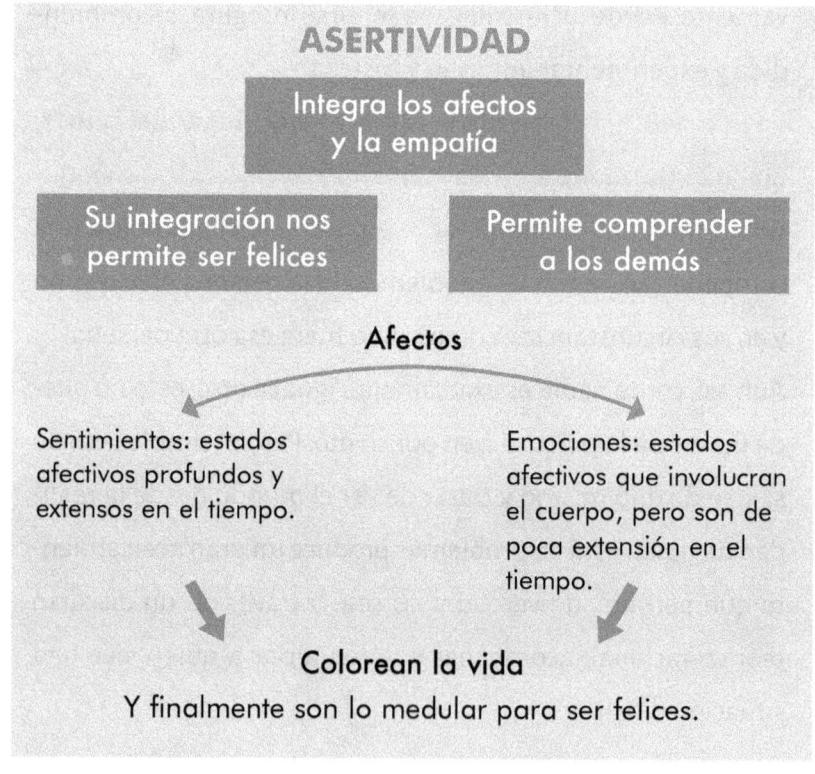

No es fácil ser empáticos en estos días de convulsión e hiperindividualismo, cuando se vive centrado en análisis intelectuales, básicamente lógico-aristotélicos. En este marco cuesta conectarse realmente con las personas y hacer que quienes tienen problemas puedan sentirse comprendidos, bajen sus defensas y se permitan ver sus vidas desde otros puntos de vista. Por sí solo este sería un acto sanador y catártico. Muy lejos quedaría la posible sanción que refleja el conocido espejo social, tan común en nuestro tipo de sociedad.

Por otra parte, hay que tomar conciencia de cuán bien nos hace salirnos de nosotros mismos para regalar un acto de amor y de acercamiento a los demás.

Algunas *frases empáticas* que puedes emplear si lo necesitas (o si necesitas ampliar tu repertorio) son las siguientes:

- Me pongo en tu lugar.
- Qué difícil debe haber sido para ti.
- Te noto muy triste.
- ¿Necesitas hablar?
- A veces no tenemos otras conductas que nos ayuden a funcionar o a hacer las cosas de mejor manera.
- Hiciste lo mejor que pudiste.
- Sería bueno que te perdonaras.

Lo importante es decírselo a la persona afectada de manera honesta, y ajustada lo más posible a su realidad.

Por otro lado, están las frases no empáticas, como las que se presentan a continuación:

- Estás equivocado/a.
- Otra vez lo hiciste mal.
- Te voy a decir cómo tienes que hacerlo.
- Siempre te pasa lo mismo.
- Es que tú te desorientas en el camino.

Estas afirmaciones no ayudan a la persona afligida a tranquilizarse y sentirse con el ánimo apropiado para enfrentar sus problemas y buscar soluciones por sí misma. Por otro lado, a veces solo se busca el simple desahogo y no transformar ese acto en una eterna sesión de consejos.

¿Cómo puede ayudarse a sí misma la persona empática?

Quienes trabajan en su empatía realizan un esfuerzo por descentrarse o salirse de su mundo interno. El fin siempre es observar y escuchar contenidos desde otros puntos de vista o esquemas cognitivos que, por cierto, ayudan mucho a ampliar la comprensión de las complejidades que cada ser humano presenta como ser único e irrepetible.

La empatía es un acto de amor e interés genuino por tratar de comprender a los demás. También es importante saber que la empatía comienza en casa, ya que a veces nos convertimos en los peores jueces de nosotros mismos.

Recomiendo leer detenidamente este capítulo para, también, luego aplicarlo a uno mismo. Como un mero recordatorio de nuestras conductas, antes de enjuiciarnos es importante tener presente lo que el filósofo español José Ortega y Gasset decía: "Yo soy yo y mis circunstancias".

LLORAR LIMPIA LOS OJOS Y EL ALMA

Cuando nos permitimos llorar, no solo afloran lágrimas. Además, fluyen emociones y sentimientos que permiten desahogar los contenidos afectivos relevantes y profundos de nuestra vida emocional.

Las personas pueden pasar gran parte de su existencia sin demostrar su pena ni sus pesares, pero lo que no pueden hacer es borrarlos de su interioridad. El costo de no expresar con un buen llanto o manifestación de tristeza algún contenido guardado por mucho tiempo puede significar, en el futuro, la presencia de enfermedades o trastornos psicosomáticos. Es decir, las penas que no se muestran no desaparecen mágicamente. Solo se olvidan en apariencia.

En nuestro estilo de sociedad, son pocas las personas que ven el acto de llorar como una conducta natural y sana de la que no deben avergonzarse. Por el contrario, la mayoría lo aprecia como un signo de debilidad o de histrionismo innecesario, atribuido muchas veces a "mujeres hipersensibles" o "manipuladoras". Además, se abusa del rótulo "llorón" o "llorona".

Lo cierto es que llorar resulta tan sanador, que no son pocas las oportunidades en que los terapeutas sugieren a sus pacientes, la mayoría hombres, aunque también algunas mujeres, que traten de liberar un llanto reprimido por mucho tiempo. Aunque sea como resultado de ver una película altamente emotiva. En algunos casos, y con un fin terapéutico, incluso se le pide al paciente que genere fisiológicamente el llanto. ¿Cómo? Por ejemplo, pelando una cebolla. Su propósito curativo es forzar a que despierte, conductualmente, la expresión del llanto con la finalidad de desencadenar también una serie de contenidos afectivos trabados o inhibidos y que causan al afectado un gran pesar o una sensación de sobrecarga afectiva no placentera.

"Los hombres no deben llorar". La frase anterior es un mandato cognitivo (es decir, un patrón o esquema de pensamiento mecánico) que por generaciones han internalizado varones y mujeres. Su significado hace muy difícil, en especial para los hombres, permitirse descubrir y expresar los sentimientos de tristeza, pena, dolor, nostalgia, inhibición, deterioro afectivo, timidez y otros, de una manera natural, sencilla y "viril". Todo este mecanismo ha contribuido a que muchos hombres, sobre todo de generaciones pasadas, se hayan forjado una imagen distorsionada y rígida de sí mismos, desde la cual solo les es permitido expresar algunos sentimientos y otros no.

Por ejemplo, al consultar a una importante cantidad de varones sobre la verbalización de sus sentimientos, es posible concluir que para ellos es mucho más aceptable socialmente decir "estoy harto" o "estoy agotado", antes que "tengo pena" o "me siento solo".

¿Cuándo es sano y necesario llorar?

- Cuando tenemos una gran pena y no podemos evitar llorar.
- Cuando por medio de este mecanismo nos desahogamos y sentimos que liberamos contenidos afectivos negativos.
- Cuando algo nos conmueve de manera tan profunda que nos inunda una sensación de gran tristeza.
- Cuando sentimos un dolor físico que nos supera.
- Y, en general, toda vez que genuinamente se siente la emoción o necesidad de descargar los afectos, positivos o negativos, por medio del llanto.

¿Cuándo llorar se convierte en un mecanismo manipulador?
- Cuando lloramos para conseguir algo a cambio.
- Cuando queremos que los demás sientan pena por nosotros.
- Cuando necesitamos ser escuchados o atendidos.
- Cuando no nos atrevemos a expresar de manera verbal y asertiva nuestros contenidos y lo hacemos, indirectamente, a través del llanto.

Con un modelo claramente asertivo y válido para hombres y mujeres se reconoce que es legítimo emocionarse, que no es terrible y que se puede retomar la conversación porque esta representación afectiva no está nublando ni distorsionando nuestra manera de pensar: solo son caminos paralelos que están expresándose conjuntamente.

Los caminos racional y emocional son carriles diferentes, válidos cada uno y ricos en sus diversos contenidos. No se estorban ni deben desmerecerse el uno al otro. Más bien deben acompañarse respetuosamente a lo largo de la vida para ayudar a las personas a volverse seres integrales, compenetrados tanto con la razón como con los sentimientos.

No olvidemos: llorar lava los ojos y el alma.

ASERTIVIDAD Y TOMA DE DECISIONES

La mayoría de nosotros tomamos decisiones todos los días de manera automática Por ejemplo, al decidir qué ropa nos vamos a poner, qué compras vamos a realizar en el supermercado o a cuáles amigos vamos a invitar a nuestra casa. Nada de esto produce malestar. Por el contrario, es parte del diario vivir. Sin embargo, cuando llega el momento de "tomar una decisión", la vida parece complicarse y los niveles de angustia que se experimentan puede ser altos. Este estrés está relacionado con la jerarquía del contenido a ser decidido: no es lo mismo decidir qué plato comer que si debemos terminar una relación de pareja.

Habitualmente, detrás de una toma de decisión se esconde el temor —que puede ir desde leve a creciente— de equivocarse en la resolución final. Y esta posibilidad de errar es la que muchas veces paraliza a las personas frente a la manera de enfocar los temas. Ello provoca que una decisión se aplace o evada, lo cual produce más angustia. En el estado irresoluto, la decisión pendiente comienza a dar vueltas en la cabeza y uno puede volverse bastante obsesivo y caer en círculos viciosos del tipo: "Me angustia pensar en tomar una decisión, por lo tanto, la eludo". Lo único que se logra en estos casos es que a corto plazo la cuestión vuelva a emerger, pero de manera más potente e invasiva en nuestras cogniciones (pensamientos). Y eso, muchas veces, redunda en variados síntomas de malestar, tanto físicos como psicológicos.

El epílogo de situaciones como las descritas puede derivar en que la vida del afectado se inunde de este tema y lo deje desgastado y sin energías para abocarse a otros aspectos, como la vida familiar o laboral.

A grandes rasgos, una toma de decisión requiere seguir los siguientes pasos:

- Comprensión y definición muy clara del contenido a ser decidido, para no confundirse o agrandarlo en la mente.
- Análisis de sus posibles consecuencias, en caso de optar por una u otra resolución.

- Síntesis de lo analizado, tanto en sus distintas facetas como en sus posibles consecuencias. Ejemplo: "¿Qué es lo peor que me podría pasar si me equivoco?".
- Toma de decisión final y consecuente compromiso personal con ella.

Un ejemplo concreto es cuando nos preguntamos qué carrera profesional estudiar y seleccionamos tres. De ellas, dos están relacionadas con nuestro estilo personal. Finalmente, nos decidimos por la que nos otorgará mayor capacidad de movilidad en diferentes cargos.

Cuando se trata de un tema importante para nuestra vida, es deseable darnos un tiempo, si realmente se nos está permitido. También es importante poder consultar esta posible decisión con "jueces externos" o personas confiables, que seguramente van a tener la cabeza más fría para aconsejarnos o darnos su opinión al respecto. Lo asertivo es que después de escuchar a otros por los que se siente confianza y respeto, se tome la determinación por uno mismo. Cada cual se convertirá en juez de su propio comportamiento y se hará responsable de las posibles consecuencias. Esto forma parte de los derechos asertivos, de los cuales hay una buena muestra en el libro de Manuel J. Smith titulado *Cuando digo no, me siento culpable*.

Hay que tener claro que la toma de decisiones no se delega. Cuando alcanzamos una decisión por nosotros mismos, estamos siendo protagonistas de nuestras vidas. Cuando le pedimos a otro que decida sobre temas personales, esa persona puede equivocarse y hay que tener presente que es mejor cometer un error bajo nuestra responsabilidad que por haber transferido el derecho de decidir a otro.

Además, casi siempre es posible hacer una reparación de conducta frente a los errores personales o ante quienes hemos dañado con nuestras decisiones. Esto puede realizarse de varias maneras: pidiendo disculpas, desandando el camino recorrido, cambiando de parecer y, muchas veces, perdonándonos a nosotros mismos, tal cual lo haríamos con una amiga o un amigo que hubiera tomado una mala decisión.

A nadie le gusta equivocarse. Pero si lo vemos de una manera constructiva, poder decidir es un acto de gran libertad para los seres humanos, así como de compromiso frente a lo decidido. De esta manera estamos tomando las riendas de nuestras vidas.

El mejor camino para adquirir seguridad en la tarea de decidir es, sistemáticamente, tomar conciencia de que somos nosotros a quienes corresponde definir lo que nos gusta o no, lo que nos conviene, lo que nos daña, la senda por la que queremos optar. Aprender a decidir conlleva respeto por nuestra manera de pensar y de valorar nuestra vida. La única condición es que el acto contemple no avasallar a los demás.

Los invito a decidir sin soberbia, pero con confianza en ustedes mismos y en sus valores.

ASERTIVIDAD Y CONSIDERACIÓN DE CONTEXTO

Qué importante es la consideración del contexto quienes trabajan la asertividad. Esto se relaciona con la correcta adecuación a las diferentes situaciones, ambientes y sujetos con los que se encuentren. Es decir, el dato del momento, del tipo de mujer u hombre con quien se conversa, su edad, la hora del día, el grado de formalidad de la relación y el dato histórico. Es decir, qué tipo de vínculo se ha tenido con ese individuo a través del tiempo.

Estas consideraciones hacen que los contenidos explicitados se clasifiquen en ubicados o desubicados. Ya que suele suceder que por no decir algo en el momento conveniente, se pierde un mensaje que podría haber sido muy provechoso. Ejemplos comunes de este tipo de situaciones son:

- Cuando un joven tutea a una persona mayor y formal (que no es un pariente).
- Cuando alguien insiste en conversar con su pareja un tema desagradable y de poca relevancia en un momento en el que la otra persona se encuentra cansada, con ira o con algún malestar.
- Cuando un hombre le dice un piropo a una mujer.
- Cuando el vendedor de una tienda es insoportablemente insistente para que probemos un producto.
- Cuando los padres discuten en presencia de los hijos.

Las situaciones descritas son solo algunos de los miles de ejemplos de cómo, por el simple hecho de no considerar un factor ambiental o motivacional, podemos malograr o perder la emisión de un mensaje que podría haber sido válido.

Lo anterior lleva a deducir que la conducta asertiva no tiene que ver con hablar "en borrador", improvisada o impulsivamente. Por el contrario: cuando se trata de abordar temas que para uno son importantes o significativos, es relevante situarse mentalmente en esos temas. Y, de manera trascendental, analizar el tipo de lenguaje que se va a utilizar con diversos tipos de personas.

Esto no tiene que ver con transformarnos en hipócritas y

acomodar nuestros contenidos dependiendo del receptor, sino con la modulación que realizaremos (a nivel mental, lingüístico y de comportamiento) con el fin de no perder de vista el objetivo final de una comunicación asertiva: que el mensaje llegue de la manera más nítida y con las menores interferencias posibles al interlocutor a través del canal más cercano.

Por ejemplo, si tenemos una amiga muy tímida y estamos en una reunión social, aunque encontremos que se ve muy atractiva, no le gritaremos desde un extremo al otro de la sala: "¡Qué estupenda te ves con ese vestido!". De decirlo así, y al no considerar su manera de ser, le haremos pasar un bochorno o un mal rato en lugar de entregarle un refuerzo positivo, como de seguro era nuestra intención.

Otro ejemplo es la conocida falta de tino que tienen muchas personas al pedir a un amigo con un buen puesto de trabajo que haga el favor de conseguirles un empleo en su empresa. Con esta petición inadecuada, lo más probable es que se ponga al amigo en un aprieto: su nuevo cargo y la solicitud de alguien conocido.

Un último ejemplo: cuando en una reunión social se le pregunta con insistencia a un invitado por datos o consejos que tienen que ver con su profesión. Es normal que médicos o abogados se atraganten con la comida cuando quieren dejar a todo el mundo contento con sus respuestas. Pero son ellos los que se quedan sin la posibilidad de pasarlo bien hablando de manera distendida.

DUELO, ASERTIVIDAD Y RESILIENCIA

Es usual que nos guardemos el duelo o pesar por la muerte de un ser querido, por la pérdida de una amistad o de algo que era fuertemente significativo para nosotros. Lo volvemos algo oculto y de sufrimiento interno, que puede arrastrarse por mucho tiempo, incluso durante años.

Cuando perdemos a un ser querido, lo propio de los seres humanos es, en un primer momento, no aceptarlo y sentir que el corazón literalmente se nos rompe. A esto se suman episodios de profunda tristeza y abandono de sí mismo, en pos de la remembranza o el anhelo de volver a estar con la persona que partió. Al no cumplirse este anhelo, muchas veces se instaura un estado de desesperanza del que se torna difícil salir por sí mismo.

En muchas ocasiones tendemos a negar ese dolor, o lo dejamos anestesiado, mecanismo que nos ayuda a sobrevivir en ese momento tan infortunado. Otras veces se nos produce una gran rebeldía, incluso puede abarcar la pérdida de fe o de desconfianza en nuestra religión. Aquí surgen muchas preguntas del tipo: "¿Por qué me ocurrió a mí? ¿Qué he hecho yo para merecer esto? ¿Si era todavía tan joven, por qué se murió?".

Después de una pérdida o dolor de tal magnitud, tenemos al menos la posibilidad de tomar dos caminos. El negativo, que es enterrarnos en nuestro sufrimiento y no querer despegarnos de ese estado –lo que obviamente nos destruye a nosotros y a nuestros seres queridos cercanos–. Aunque también podemos hacer un acto de *resiliencia*.

La asertividad está directamente relacionada con la capacidad que tenemos los seres humanos de caernos, golpearnos, sufrir reveses en la vida y lograr levantarnos, para luego transformar esos momentos o situaciones dolorosas en *experiencias constructivas.* La resiliencia es justamente la aptitud que tienen las personas para levantarse, a pesar de haber vivido acontecimientos desestabilizadores, situaciones desgarradoras, condiciones difíciles y traumas graves, y poder revertirlas y transformarlas en revitalizadoras de una nueva etapa.

La resiliencia puede cambiar positivamente nuestra vida y darle un nuevo sentido, más profundo y humano. Muchas veces nos sirve para ayudar a otras personas que también han pasado por experiencias similares, pero que se han quedado sumidas en sus dolores sin poder despegar.

Pensemos en todas esas madres y padres que han perdido a un hijo y que, a pesar del gran dolor vivido, han sido capaces de ponerse de pie y volcarse hacia caminos más evolutivos. Desde ayudar a personas que también han perdido a alguno de sus hijos hasta aprender a disfrutar el día a día o brindarle más horas a la familia por sobre el trabajo, y así aprovechar de mejor manera esta vida.

Aquí podemos retomar como ejemplo a la joven chilena, cuya historia ya hemos mencionado. A pesar del trauma al quedar mutilada a causa de un accidente, se transformó en modelo para muchos jóvenes, y no tan jóvenes. Por su valor y fuerza interior.

La resiliencia se relaciona estrechamente con la asertividad. Permite a las personas que vivieron un gran dolor aprender a ser mucho más respetuosas con ellas mismas y con los demás, y las motiva a transformar dichas experiencias en oportunidades para crecer.

Por ejemplo, quizás una madre que pierde un hijo opte por

no flaquear frente a sus otros hijos, que no tienen la culpa de lo ocurrido y se merecen toda la atención. En el caso de una quiebra económica, es muy probable que la persona resiliente encuentre fuerzas para reinventarse y, desde esa nueva vida, aprenda a respetar aún más a los que en un periodo anterior quizá fueron sus subordinados. También es fundamental comprobar que, después de una experiencia desgarradora, aprendemos a valorar más lo que tenemos y a ser menos críticos por cosas que no tienen importancia.

Finalmente, después de levantarnos cual aves fénix, podemos confiar internamente en que la vida nos puede dar golpes, pero depende mucho de nuestra actitud interna si dejamos que nos derrumben o si decidimos combatir constructiva y valientemente, desde una fuerza interior que hasta ese momento para nosotros mismos era desconocida.

A veces una pérdida es el mejor pasaporte para convertirnos en personas más sensibles, humanas y empáticas con los que sufren.

MUJERES Y HOMBRES ASERTIVOS

Hombres y mujeres pueden desarrollar una forma de ser asertiva, cada uno en su estilo. La mujer, cada vez más incorporada al mundo de lo público y de lo laboral, muchas veces queda atrapada en una espiral de conducta péndulo: considera que tener poder le da licencia en torno a la comunicación, en general, y a la no verbal, en particular. Por ejemplo, es el caso clásico de las mujeres que han llegado a un puesto importante y se tornan bruscas y altaneras. Gran error. Mientras más asumida esté la seguridad personal en una mujer, más se permitirá tener un estilo cómodo, sin perder las características de su personalidad. Este estilo puede ser cálido, abierto y natural, sin que permita ser avasallada en sus derechos personales ni en su jerarquía laboral.

La seguridad no tiene que ver con las conductas dictatoriales ni prepotentes. Estas solo crean anticuerpos, más aún –debido a razones culturales– si provienen de una mujer en un alto cargo jerárquico.

Un hombre asertivo será la antítesis, por así decirlo, del estereotipo del cavernícola. Ese que solo está centrado en dirigir y controlar todo y a todos, incluidos los miembros de su familia y las personas con las que le toca interactuar laboralmente. Este tipo de comportamiento muchas veces solo resulta eficiente por el miedo o la intimidación que inspira en los demás. Sin embargo, el costo que pagan por actuar de esa manera es el aislamiento social y, a la larga, la soledad.

Qué paradójico resulta cuando a veces ellos, en una consulta clínica, se dan permiso para abrir sus corazones y expresar sus temores y tristezas, como también confesar sus fracasos.

El hombre asertivo, en cambio, se comporta como individuo evolucionado y funciona naturalmente de manera simétrica en su relación con las mujeres y los pares de su sexo. Si tiene que ejercer jerarquía, lo hace con una gran cuota de empatía y soltura. Se permite expresar sus emociones y sentimientos, es capaz de sensibilizarse, y hacerlo explícito, frente a un hecho doloroso o a alguien que atraviesa un momento difícil.

Los líderes actuales son, precisamente, personas cercanas,

cálidas y dispuestas a dar retroalimentación clara y a reforzar a quien se lo merezca.

Los hombres y mujeres asertivos ganan en calidad de vida, se llevan mejor con los demás y ponen en práctica el aprendizaje vicario hacia sus hijos de manera directa. Pero, sobre todo, son personas respetuosas, seguras de sí mismas y libres. No se sienten menoscabadas al estar con alguien que tiene muchos atributos.

MUNDO INTERIOR

Cuando trabajamos la asertividad, nos damos permiso de detener la vorágine del mundo por unos momentos. Eso nos permite centrarnos en ese vasto universo interior que puede colorear nuestra vida y ofrecernos una cantidad insospechada de contenidos de vital importancia para completar o relacionar nuestras conductas, estados de ánimo y pensamientos que hemos dejado a medio digerir.

En la sociedad actual, es difícil darse un tiempo para uno mismo por dos razones. Primero, por la multiplicidad de roles que nos toca cumplir y, segundo, por el surgimiento de una serie de elixires mágicos (televisión, videojuegos, internet, chats) que facilitan salirse de uno mismo y conectarse con un mundo más fácil de sobrellevar, pero que hace pensar muy poco.

Paradójicamente, en nuestros días se le da mucha importancia a la comunicación. Pero solo a aquella relacionada con los otros y no con nosotros mismos. Es enriquecedor observar nuestro desarrollo personal y comprobar cuántos cambios hemos experimentado en relación con estilos de vida, creencias, gustos y comportamientos. Es enriquecedor darse cuenta de que estos cambios se han debido, básicamente, a una opción surgida después de escucharnos internamente y no por un mandato de la sociedad.

Cuando nos prestamos atención, nos encontramos con caminos que esperaban ser actualizados, o energizados, para poder emprender su proceso de evolución. Pero, ¿cómo se viaja hacia el mundo interior?

Aquí hay algunas ideas para poder hacerlo:

- *Escuchar nuestras claves corporales* y ver el significado más profundo que tienen aquellas somatizaciones o tensiones que se alojan en nuestro cuerpo y que obedecen a contenidos ocultos, quizá desde hace mucho tiempo.
- Cuando algo nos conmueve o llama la atención (como ciertas películas o noticias), *podemos relacionarlo con nuestros propios contenidos análogos* y ver si han sido elaborados e integrados en nuestra interioridad.

- *Imaginar es gratis.* Podemos curar las heridas por medio de la imaginación. Por ejemplo: un paciente adulto que era muy tímido realizó un ejercicio de imaginación y remembranza de su infancia: entonces abrazó y amparó cálida y permanentemente al niño tímido interno que se encontró. El efecto final fue la aceptación de su persona y el consiguiente enriquecimiento y comprensión de sus carencias tempranas.

Dejémonos llevar por los pensamientos y las conversaciones internas, que más adelante podremos compartir con el entorno para así permitir que los demás también se familiaricen con nuestro mundo interior.

Todos tenemos un mundo personal vasto y único. Compartir las experiencias de otros puede ayudar a incrementar el propio repertorio de conductas, como también a generar nuevos modelos en nuestro estilo de pensar. Sin dinero ni viajes de por medio, podemos recrear mundos internos maravillosos. Incluso sin libertad externa, como fue el caso de Viktor E. Frankl, el psiquiatra austriaco que sobrevivió lúcida y constructivamente a los campos de concentración nazis.

Finalmente, podemos hacer realidad los sueños en una esfera más trascendente y permanente que, además, no depende del marketing ni de los otros, sino de nuestro propio corazón, sentimientos, valores, creatividad y esfuerzo. Harry Potter probablemente no habría sido creado si su autora no se hubiese sentado a escucharse internamente narrar una "simple historia".

SENTIDO DEL HUMOR Y ASERTIVIDAD

¿Qué sería de los seres humanos si no incorporaran el sentido del humor en sus vidas?

El sentido del humor, a diferencia de lo cómico o lo irónico, es aprender a tomar con simpatía y sin complicación muchas de nuestras características personales. Pueden ser errores, anécdotas graciosas o simplemente maneras diferentes y lúdicas de ver la vida y a uno mismo, sin densidades o sentimientos de inferioridad. Cuando uno realiza una actividad y cae en la ley de Murphy (un resultado contrario a lo que se esperaba), es muy sanador tomar la situación con gracia y reírse de uno mismo.

Sabemos que no somos perfectos y que muchas veces las cosas no salen bien porque nos equivocamos. ¿Por qué ponerse a pensar en lo terrible de esa situación? Y qué tal el "¿qué van a pensar los demás?". En rigor, los demás siempre van a pensar lo que les venga en gana. Pero eso no debe ser parte de nuestros pensamientos, ni mucho menos convertirse en una preocupación. La risa es sanadora y contribuye a generar endorfinas, que son las hormonas responsables de causar alegría y placer.

Como la asertividad está ligada estrechamente a una mejor calidad de vida, es importante darse espacios de libertad para aprender a sonreír y reír con experiencias sanas que rompan los esquemas o produzcan hilaridad por su creatividad o desproporción.

A veces, tropezarse en la calle (si el golpe no ha sido muy doloroso) es un suceso que puede transformarse en algo gracioso, lo que ayuda a crear un clima relajado y con un tinte de no querer tomarse la vida tan en serio. Esas caídas no deben generar una sensación de ridículo, pues se trata de una impresión subjetiva y solo aparece cuando uno se siente internamente menoscabado. Pero un tropezón en la vida, cualquiera lo puede dar...

Si alguien disfruta de sus propias anécdotas graciosas, lo más probable es que tenga confianza en sí mismo como persona. Y, por último, a nadie se le "cae la corona" por cometer un error o por dar un traspié.

Si nos ponemos alertas ante las cosas graciosas de la vida, descubriremos que hay muchísimas de ellas y que es mucho más sano tener la mente ocupada con situaciones gratas, en lugar de pasarse el día pensando negativamente.

ASERTIVIDAD Y DEPORTE

Los países latinoamericanos pueden obtener más logros a nivel deportivo. Respecto de ello, se pueden formular algunas hipótesis de trabajo y así lograr, como sociedad, objetivos tan importantes como los deportivos.

"Mente sana en cuerpo sano". Esta máxima clásica tiene un profundo y verdadero sentido. Sobre todo si pensamos en lo gratificante que resulta realizar una actividad física de manera sistemática: nos entrega, además de un entrenamiento a nivel corporal y de salud, un grado de bienestar psicológico importante a través de las endorfinas (hormonas que genera nuestro organismo gracias a actividades como el deporte o la gimnasia). Son ellas las que nos hacen sentir más gratos y alegres en la vida.

Pero ¿qué ocurre cuando ejercitarse se transforma en una suerte de profesión o se torna más seria? ¿Qué pasa por la cabeza de los deportistas llegado el momento de competir y lograr los objetivos propuestos? Es en esta etapa donde comienzan a entrometerse esas famosas ideas irracionales que van mermando la seguridad personal y contaminando los pensamientos de los deportistas.

Algunos ejemplos de ideas irracionales son los siguientes: "¿Qué va a pasar si pierdo? ¿Y si en medio del partido cometo un error grande? ¿Qué sucederá si el público se desilusiona de mí?".

Cuando cualquier persona comienza a llenarse la cabeza de dudas e inseguridades, lo más probable es que se conviertan en profecías autocumplidas. Pero, además, se destina tanto tiempo a pensar en estas cosas, que se descuida el entrenamiento seguro y confiado, donde se está haciendo lo mejor en pos del objetivo final: ganar.

En estos casos, la asertividad es una buena herramienta para que los deportistas:

- Aprendan a pensar en positivo (de manera realista).
- Se preparen también a nivel psicológico, no solo físico.
- Sepan cómo lidiar con las posibles dificultades ocurridas

antes de un partido y con el fracaso: el tiempo atmosférico, jugar en un país extraño, competir contra un jugador o equipo muy bueno.

- No se preocupen por su estatura.
- Se acostumbren a imaginar y pensar en positivo: todo lo bueno que para ellos significará ganar, en vez de pensar en la gran responsabilidad (léase "mochila") que conlleva participar en tal encuentro deportivo.
- No se preocupen por el espejo social y den lo mejor de ellos, para que se olviden del resto.

La seguridad personal no se improvisa y, cuando se adquiere, se puede llevar a los múltiples terrenos en los que nos toca funcionar. En el caso de los deportistas, la derrota está asociada con la falta de confianza en ellos mismos o porque se dejan llevar por sus propios fantasmas.

En toda América Latina contamos con notables deportistas, pero no con muchos triunfadores. En lo medular, esto no pasa por falta de preparación física, sino psicológica.

Es tarea de nuestra sociedad dar herramientas a las personas para que logren cortar el círculo vicioso de los "países de perdedores". Cambiemos la premisa anterior por: "Nuestros deportistas pueden hacer las cosas muy bien: solo falta que confíen más en ellos mismos y, si no ganan la primera vez, que redoblen sus esfuerzos constructivamente y se programen para ganar en la próxima ocasión".

La mente le gana al cuerpo. Y los excelentes deportistas son los que han vencido sus miedos e inhibiciones, como también su intimidación frente a sus contrincantes.

¿QUIERES SABER CUÁL ES TU GRADO DE ASERTIVIDAD?

Las personas no siempre captan las ideas con el sentido exacto que quiso darles el remitente. Más aún en un tema como la asertividad. Porque muchos suelen ver la parte psicológica que les conviene y terminan convencidos de que son totalmente asertivos cuando no lo son. O viceversa.

Una buena forma de buscar la respuesta real a nuestro comportamiento es contestar algunas preguntas con honestidad. Si te interesa tener una idea clara de cómo estás enfrentando al mundo en relación con otras personas, responde lo siguiente sin autoengañarte.

Uno no siempre actúa de la misma manera en todas las áreas o escenarios de la vida. Por eso, entregamos cuatro grupos de preguntas: uno para el área de los afectos, otro para la del pensamiento, el siguiente para analizar las conductas y, el último, para la comunicación verbal. No hay puntaje. Solo hay que pensar que mientras más respuestas afirmativas tengas, menos asertivamente te estás comportando en esa área. Espero que este pequeño ejercicio te ayude a modificar tus conductas sociales o a mejorarlas.

Área afectiva

1. ¿Te cuesta expresar sentimientos positivos? Por ejemplo, decir "Te quiero".
2. ¿Te resulta difícil expresar sentimientos negativos? Por ejemplo, decir "Me da pena".
3. ¿Experimentas ansiedad al recibir un refuerzo positivo? Por ejemplo, cuando te dicen que te ves bien o te reconocen un mérito.
4. ¿Te cuesta llorar, aunque sientas ganas de hacerlo?
5. ¿Consideras inadecuado expresar demasiado los afectos?
6. ¿Sientes que te quieres poco?
7. ¿Sientes culpa o remordimiento cuando te premias o autorrefuerzas?
8. ¿Sientes desesperanza fácilmente si tienes que competir con otra persona?
9. ¿Experimentas con frecuencia la llamada "vergüenza

ajena"? Por ejemplo, cuando ves a una persona haciendo algo que para ti es ridículo.

Área cognitiva

1. ¿Piensas que eres una persona menos entretenida o más tediosa que las demás?
2. ¿Se te olvidan o confunden las ideas cuando sientes nervios?
3. ¿Te imaginas a menudo pasando vergüenza o bochornos en público?
4. ¿Te consideras más ignorante que los demás?
5. ¿Piensas que no sabes sacarte partido? Por ejemplo, ¿crees que personas menos preparadas tienen más suerte o se publicitan mejor?
6. ¿Piensas que a nivel laboral no se reconocen tus logros?
7. ¿Te gustaría recibir más refuerzos positivos? Por ejemplo, ¿te gustaría que te reconocieran lo que has hecho bien?
8. ¿Te cuesta o incomoda internamente pedir un refuerzo positivo?
9. ¿Piensas a menudo que estás haciendo el ridículo?
10. ¿Te dices a menudo frases derrotistas como "Yo nunca voy a cambiar"?

Área conductual

1. ¿Te sonrojas con facilidad?
2. ¿Transpiras excesivamente cuando sientes nervios?
3. ¿Te vacila la voz cuando experimentas ansiedad?
4. ¿Padeces temblor en las manos por nerviosismo?
5. ¿Sientes que manejas torpemente tu cuerpo bajo tensión?
6. ¿Te tiembla la comisura de los labios o el mentón por nerviosismo?
7. ¿Hablas menos de lo acostumbrado cuando no conoces a las personas?
8. ¿Tu cara se pone rígida bajo tensión?
9. ¿Te complicas demasiado en relación con tu cuerpo, con tu forma de moverte o hablar, en situaciones con personas que no conoces?
10. ¿Te incomodas fisiológicamente al sentirte el centro de las miradas de otros?

Área verbal

1. ¿Dices contenidos que consideras inadecuados cuando te inhibes? Por ejemplo: ¿te desubicas o te comportas con menos tacto social?
2. ¿Tus frases son más cortas cuando hablas frente al público?

3. ¿Se te enredan las palabras o el sentido de lo que quieres decir cuando pronuncias una crítica?
4. ¿Te da vergüenza expresar sentimientos?
5. ¿Te cuesta reconocer explícitamente algo bueno en los demás?
6. ¿Hablas frente al público con muchos condicionales o relativismos? Por ejemplo: "Yo consideraría", en lugar de "Yo considero".
7. ¿Te cuesta autocalificarte positivamente? Por ejemplo, decir "Yo hice esto muy bien".
8. ¿Es difícil para ti poner un tema de conversación a alguien que no conoces bien?
9. ¿Te resulta estresante disertar, hacer una presentación en público o exponer en una reunión de trabajo?
10. ¿Pronuncias frases a veces desarticuladas o que no se entiende bien hacia qué objetivo apuntan, debido a tu nivel de tensión o nerviosismo?

Preguntas abiertas

1. ¿A qué persona pública consideras asertiva?
2. A tu juicio, ¿la gente de tu país es generalmente asertiva? ¿Por qué?
3. ¿En qué nos puede ayudar la asertividad como personas?

4. ¿Las personas nacen con determinada personalidad o se la hacen?
5. Da ejemplos de comportamientos que para ti sean asertivos.

QUÉ SE GANA Y QUÉ SE PIERDE ACTUANDO ASERTIVAMENTE

En parte, el objetivo de este libro es transmitir una serie de experiencias que durante mi ejercicio profesional especializado en asertividad se han acumulado. Todo a partir de los resultados obtenidos en lo personal y en el entrenamiento de pacientes y alumnos en esta materia. Por ello, considero que pueden servir a quien perciba que su estilo de comunicación debería mejorar.

Ser cotidianamente asertivos –es decir, cuando la asertividad se convierte en un estilo de vida– trae muchas consecuencias positivas. Pero también hay que vencer o "vacunarse" contra las recepciones negativas por parte de los demás –generalmente no asertivos–, a los que no les va a caer bien esta clase de comportamiento. Por ello, es importante hablar de las consecuencias negativas de este tipo de comunicación. Al final, cada persona equilibrará su propia balanza interna y hará la ecuación para saber con qué lado se siente mejor como persona.

A continuación, se resumen algunas consecuencias de actuar en forma asertiva.

Un signo inequívoco de estar aplicando la asertividad en la vida es sentirnos progresivamente más libres en nuestro interior. Esto implica sentirnos más cómodos y seguros con los mensajes que queremos hacer llegar a los demás. Menos tímidos, inhibidos o con menos temor al momento de relacionarnos con los otros. Pensar diferente y estar dispuestos a decir que no, a disentir, a poner límites y a no dar disculpas o explicaciones innecesarias. Todo esto sin que se transforme en un conflicto o postura prepotente.

Aun cuando el espejo social es la opinión de los otros y no tenemos que pensar igual a ellos –aunque conlleve una sanción social desagradable, pero que tampoco debería quitarnos el sueño–, la asertividad también nos da una cómoda y liberadora separación entre lo que piensan los demás acerca de nosotros y aquello a lo que verdaderamente damos validez en nuestras vidas. Sin tener la preocupación de caerle bien a todos o ser considerados de una cierta manera por el resto, aprendemos a ser los propios jueces de nuestros comportamientos. Y, en caso de equivocarnos, seremos capaces de reconocerlo por nosotros mismos y de reparar nuestros errores abiertamente.

También experimentamos el bienestar de cuidarnos y respetarnos por medio de la defensa de nuestros derechos personales. Poner atención a las palabras con las que nos tratamos, así como el grado de cariño y simpatía que sentimos hacia nosotros y que se incrementa día con día nos ayuda a fortalecer y robustecer nuestra autoestima. No por considerar que todo lo hacemos bien, sino por lo que somos a escala humana, y cómo nos esforzamos para ser mejores personas.

Algo que quisiera destacar es haber apreciado innumerables veces el cambio conductual, cognitivo y afectivo que experimentan las personas tímidas. Después de un entrenamiento asertivo, la mayoría suele afirmar que "les ha cambiado la vida". Hay quienes incluso hacen confesiones reveladoras como: "Si hubiera hecho esto antes por mí, cuánto más fáciles y felices habrían sido mis años anteriores". Estas frases y exclamaciones, sumadas a la euforia que caracteriza a las personas que han logrado derrotar obstáculos que creían insuperables, reflejan el cambio profundo respecto de los errores o falacias en la manera en la que solían ver la vida. Esas palabras también demuestran cómo –tanto a través del cambio de cogniciones como de las prácticas y la incorporación de técnicas de comunicación y desinhibición de las conductas– se dieron cuenta de que ellos mismos podían forjar su vida, que era posible vencer la timidez con coraje y con la convicción de que todos tenemos un espacio en este mundo. Todos podemos y debemos hacerlo, respetando nuestro estilo personal, sin importar si en el camino nos juzgan u opinan livianamente sobre nuestra vida.

Cuando aumenta la asertividad, también lo hace el respeto que sentimos por los demás. Y a nuestra sociedad le hace falta una alta dosis de respeto. El camino de la asertividad bien puede ayudar a cambiar esta manera de pensar.

A pesar de los beneficios, también existen algunas consecuencias negativas de actuar asertivamente.

Todos hemos escuchado la expresión "tener el cuero duro". Si no, sería bueno que nos familiarizáramos con ella. En su definición coloquial, esta expresión se refiere a no dejarse amedrentar o deprimir por los juicios, opiniones malévolas, descalificaciones, chismorreos e hipersensibilidades que puedan lanzarnos –como dardos– quienes no nos conocen lo suficiente o no se encuentran en nuestro círculo íntimo de personas significativas.

Al actuar de una manera desenvuelta o directa en la vida, muchas veces dejamos a la gente descolocada o confusa respecto a sus propios esquemas mentales. En general, los demás están esperando de nosotros el típico doble discurso, las frases hechas, los eufemismos y la hipocresía.

Por ejemplo, decirle a alguien que se ve muy bien y a sus espaldas afirmar que en realidad se ve pésimo. En cambio, si una persona asertiva encuentra que alguien no se ve bien, lo más probable es que se quede callada o cambie de tema. Porque tampoco hay que confundir la asertividad con la emisión de conceptos irrespetuosos o negativos sobre los que nadie nos está preguntando.

- Una persona asertiva no da explicaciones cuando llega una visita inesperada y la casa está desordenada.
- Una persona asertiva fija una fecha de devolución cuando presta un libro y, si es importante, pone énfasis en que lo cuiden.
- Cuando alguien funciona de manera asertiva, no presta dinero si no quiere. No miente porque se atreve a decir que no. Formula críticas respetuosas, pero claras, cuando considera que debe hacerlo y pide cambios de conducta cuando siente que no ha recibido buen trato.

Una persona asertiva puede pasar por extravagante en un primer momento, sobre todo en nuestra cultura. Sin embargo, si usamos el "cuero duro" y seguimos actuando sistemáticamente de esta manera –diciendo lo que pensamos sin avasallar a nadie–, lo más probable es que los otros se den cuenta de que esta forma es más directa y que no tiene el sentido negativo del doble discurso. Es decir, con una persona que funciona de manera asertiva sabemos a qué atenernos.

En otras ocasiones, también podemos espantar al resto cuando, sin inhibiciones, pero adecuados al contexto, **somos libres para decir lo bueno que vemos en los demás y demostramos de forma abierta nuestro cariño o aprobación por lo que está diciendo alguien.**

En el ámbito laboral, una persona asertiva es más segura. Por lo tanto, es capaz de apoyar y valorar al resto sin que por eso su capacidad o su cargo se vean amenazados. ¡Y cómo cambian las cosas cuando en el trabajo alguien se siente reconocido en su gestión o en las tareas realizadas!

Por último, como los seres humanos somos intrínsecamente afectivos, en el ámbito personal, también hay quienes prefieren a alguien que diga las cosas por su nombre, sin impertinencias, pero que al mismo tiempo sea cálido, reforzador y constructivo en la vida.

RECAPITULACIÓN

A modo de recordatorio, aquí tenemos algunas de las prácticas que las personas asertivas realizan en su vida cotidiana:

- Expresan una opinión, idea o pensamiento, independientemente del grado de escolaridad, estudios o nivel sociocultural que posean.
- Saben respetar e identificar el contexto o situación en que se expresarán sus ideas.
- Controlan sus impulsos y ansiedad desadaptativa sin tener que recurrir a muletas psicológicas como la ira, el alcohol o los tranquilizantes.
- Se equivocan, porque son seres humanos. Es más justo para los demás que esto se reconozca a tiempo.

- Saben que es de vital importancia hacer buen uso de la comunicación no verbal al momento de conocer a un grupo de personas o al querer establecer un vínculo más cálido con los otros.
- Tanto al comenzar como al finalizar un mensaje en público, una persona asertiva sabe que es importante hacerlo con ritmo pausado, pero con voz firme y enfática.
- Saben que una sonrisa no cuesta nada y vale oro a los ojos de los demás.
- Tienen claro que el bienestar personal es el mejor signo de que se han comportado asertivamente.
- Están conscientes de que, a veces, elegir guardar silencio es lo más asertivo que pueden hacer.

Cuando comenzamos a experimentar bienestar en algún área de nuestra vida debido a la incorporación de nuevas conductas, y a cierto tipo de reestructuración cognitiva, casi naturalmente comienzan a darse cambios positivos también en otras áreas o relaciones de nuestro entorno. Estos cambios derivan en nuevos bríos y escaladas de armonía y positivismo que forman espirales crecientes de bienestar individual.

En la práctica clínica me ha tocado trabajar con gente que solo buscaba entrenarse en asertividad para perder el miedo a hablar en público. Sin embargo, después de un entrenamiento exitoso, su pareja, hijos y amistades también se sienten más contentos con la forma en la que él o ella se desenvuelve en la vida: por la forma en que entrega su cariño, en que hace explícito lo que le gusta y, sobre todo, porque se muestra con menos complejos frente al mundo.

Después de todo lo expuesto, no me cabe más que desearles: ¡feliz asertividad!

ENTRENAMIENTO ASERTIVO

Después de haber realizado un entrenamiento asertivo se puede esperar:

Mediante

De las conductas que queremos cambiar	**práctica masiva**	Se trata de hacer muchos ensayos de las conductas que más nos cuestan.
Se produce	**mayor repertorio conductual**	Se aprende a incorporar comportamientos que no conocíamos y que nos facilitan la comunicación.
Se trabajan los esquemas cognitivos irracionales y se cambian por	**esquemas cognitivos asertivos**	
Se aprende a	**pedir ayuda** (sin que por ello nos sintamos disminuidos)	
Se va produciendo	**generalización de resultados**	Ejemplos: en la casa, con la pareja, en la vida laboral.
Aprendemos de las conductas de los otros y viceversa. A través del	**aprendizaje vicario**	

GLOSARIO

Adolescencia: periodo del desarrollo humano comprendido entre el comienzo de la pubertad y la edad adulta, durante el cual las funciones sexuales alcanzan su madurez.

Adulto mayor: persona mayor de sesenta años.

Adulto mayor funcionalmente sano: persona capaz de enfrentar el proceso de cambio en la vejez con un nivel adecuado de adaptabilidad y satisfacción personal.

Agentes de socialización: aquellos elementos que hacen efectivo o intervienen activa y directamente en el proceso de socialización. Algunos de ellos son:

- La familia.
- La escuela.
- El grupo de iguales.
- Los medios de comunicación.

Agresividad: tipo de conducta caracterizada por la tendencia a atacar o lastimar física o psicológicamente a personas o propiedades.

Anorexia nerviosa: trastorno de la conducta alimentaria que supone una pérdida de peso provocada por el propio enfermo y que lleva a un estado de inanición. Se caracteriza por el temor a engordar y por una percepción distorsionada del cuerpo, que hace que el enfermo se vea obeso, aun cuando su peso se encuentra por debajo de lo recomendado.

Aprendizaje vicario: adquisición de nueva información, conceptos o formas de conducta por medio de la exposición a la conducta de otros y a las consecuencias de sus actos. Por el solo hecho de ver lo que otros hacen y los efectos que obtienen por su comportamiento, se aprende a repetir o a evitar esa conducta.

Asertividad: estilo de comunicación abierta, directa y desenvuelta, en el que las personas plantean sus pensamientos, ideas, opiniones y sentimientos de una manera respetuosa para sí mismas y para los demás.

Autocuidado: actividades que realizan los individuos, la familia o la comunidad para asegurar, mantener o promover al máximo su potencial de salud. Implica cambiar estilos de vida, incorporando conductas que permitan, por medio de un estado de bienestar, desarrollar una vida plena y activa, perseverando y fortaleciendo la salud física y psíquica.

Autoestima: Opinión emocional positiva o negativa que los individuos tienen de sí mismos. Percepción que tienen acerca de su propio valor.

Autoimagen: información y creencias que los individuos tienen acerca de sus propias características.

Autonomía personal: facultad de decisión sobre el gobierno y la autodeterminación de la propia vida, se tenga o no discapacidad o situaciones de dependencia de otra persona.

Buena educación *versus* asertividad: la conducta asertiva debe ser honesta y no solo una forma de cumplir con las demandas sociales.

Bulimia nerviosa: trastorno de la conducta alimentaria que se caracteriza por la ingesta masiva y descontrolada de alimentos, seguida de conductas compensatorias inapropiadas (provocación del vómito, uso de laxantes, diuréticos, enemas, ejercicio excesivo), con el fin de no engordar. Por lo general no se alcanza el objetivo deseado de pérdida de peso y se produce una sensación de depresión al terminar de comer.

Calidad de vida: percepción del individuo sobre su posición en la vida dentro del contexto cultural y el sistema de valores en el que vive respecto a sus metas, expectativas, normas y preocupaciones. Es un concepto extenso y complejo que engloba la salud física, el estado psicológico, el nivel de independencia, las relaciones sociales, las creencias personales y la relación con las características sobresalientes del entorno.

Cognición: procesamiento interno de la información que

incluye actividades involucradas con el pensamiento, el razonamiento, el lenguaje, la solución de problemas, la conceptualización, el recuerdo y, en general, todos los tipos de procesos mentales superiores.

Comunicación: proceso de transferencia de mensajes (ideas o emociones) mediante signos comunes entre emisor y receptor, con una reacción o efecto determinado. La comunicación abarca ideas, hechos, pensamientos, sentimientos y valores.

Contexto: totalidad de las condiciones que afectan a un individuo en un momento dado que forman el cuadro donde se desarrolla un hecho o experiencia en particular.

Costo de respuesta: técnica para modificar el comportamiento, orientada a reducir ciertas conductas. Esto se logra eliminando algunos reforzadores luego de la aparición de una conducta en particular. Es un procedimiento de supresión conductual que no utiliza estímulos aversivos o que causan desagrado. Tener que pagar la consulta por no asistir a la cita odontológica, es un ejemplo de costo de respuesta.

Depresión: trastorno psicológico que incluye sentimientos intensos de tristeza, desamparo, desesperanza y falta de energía.

Deterioro cognitivo: daño progresivo, en mayor o menor grado, de las facultades intelectuales de una persona.

Dignidad: cualidad de digno, que se comporta con decoro, se hace respetar y respeta a los demás.

Discapacidad: toda limitación grave que afecte o se espera que vaya a afectar durante más de un año la actividad del que la padece y tenga su origen en una deficiencia. Se considera que una persona tiene una discapacidad, aunque la tenga superada con el uso de ayudas técnicas externas.

Emoción: experiencia o estado psíquico caracterizado por un grado muy fuerte de compromiso anímico y acompañado casi siempre de una expresión motora, a menudo muy intensa.

Empatía: identificación mental y afectiva de un sujeto con el estado de ánimo de otro.

Endorfinas: sustancias segregadas por el cerebro que poseen un efecto narcótico. Aumentan en los momentos placenteros (la alegría, la emoción, el placer sexual) y disminuyen en aquellos momentos tristes.

Entrenamiento asertivo: método para aprender, desarrollar y mejorar la habilidad de expresar nuestros deseos de una manera amable, franca, abierta, directa y adecuada, logrando enunciar lo que deseamos sin atentar contra los demás, negociando con ellos su cumplimiento.

Envejecimiento: proceso de cambios graduales e irreversibles en la estructura y función de un organismo, que ocurren como resultado del paso del tiempo. Se inician en el momento de la concepción y se hacen más evidentes después de la madurez.

Equipo de trabajo: entidad social organizada y orientada a la consecución de una tarea común. Se constituye normalmente con un número reducido de personas, que adoptan e interpretan roles y funciones con flexibilidad, de acuerdo con un procedimiento, y que disponen de habilidades para manejar un proceso socioafectivo en un círculo de respeto y confianza.

Espejo social: ver el reflejo de las propias conductas en otras personas.

Estrés: alteración física o psíquica de un individuo por exigir a su cuerpo un rendimiento superior al normal.

Felicidad: estado de satisfacción general, caracterizado por el contento con la vida en conjunto.

Gradiente: pasos graduales tendientes a subir el tono y la asertividad y, en algunos momentos, realizar una pausa o acudir a un juez externo.

Ideas irracionales: creencias, proposiciones cognitivas distorsionadas, fuertemente arraigadas en la estructura cognitiva del sujeto.

Imaginería: utilización, con fines terapéuticos, de la imaginación puesta en movimiento a través de distintos tipos de ejercicios mentales.

Ley de Murphy: frase popular en la cultura occidental, que a grandes rasgos dice que "si algo tiene la posibilidad de salir mal, saldrá mal". La ley fue enunciada por Edward A. Murphy Jr., un ingeniero de desarrollo que trabajó por un breve periodo en experimentos con cohetes sobre rieles hechos por la Fuerza Aérea de Estados Unidos en 1949.

Líder: persona que ejerce influencia sobre los demás miembros de un grupo, en relación con la obtención de metas grupales compartidas.

Mundo interior: dimensión interna de la persona, que incluye los procesos psicológicos y espirituales.

Parafraseo: explicación o interpretación de un texto para ilustrarlo o hacerlo más claro según las propias palabras.

Postura de límites: aclarar a otra u otras personas cuáles son los márgenes o las reglas dentro de las cuales pueden actuar o que se deben seguir.

Psicología: estudio científico de la conducta y la experiencia de cómo los seres humanos sienten, piensan, aprenden y conocen para adaptarse al medio que los rodea.

Refuerzo positivo: aplicación de un estímulo positivo o premio para aumentar la fuerza o la aparición de una conducta.

Retroalimentación: etapa del proceso comunicacional, donde el que recibe el mensaje da una respuesta al emisor del mismo. Lo anterior permite comprobar la eficacia de la comunicación, ya que el emisor puede asegurarse de que su mensaje ha sido comprendido.

Sentimientos: estados afectivos profundos y extensos en el tiempo, con referencia a un objeto, persona o idea abstracta.

Socialización: proceso mediante el cual las personas adquieren hábitos socialmente deseables y quedan capacitados para vivir como miembros de un grupo.

Somatización: manifestación física de problemas psicológicos por medio de síntomas o enfermedades.

Sumisión: acatamiento de una persona a otra, subordinación manifiesta con palabras o acciones.

Tercera edad: ancianos jóvenes, individuos que tiene entre sesenta y cinco y setenta y cuatro años de edad. También se habla de la cuarta edad, que se refiere a las personas mayores de setenta y cinco años, y de la quinta edad, concepto que engloba a quienes tienen ochenta y cinco años o más.

Toma de decisiones: proceso mediante el cual una persona debe escoger entre dos o más alternativas.

Vergüenza: actitud emotiva que surge en relación con defectos reales o imaginarios del cuerpo o la conducta. Se caracteriza por la tendencia a la huida o al alejamiento, o a veces por alguna manifestación autónoma como rubor o trastornos digestivos.

AGRADECIMIENTOS

A Mirentxu Busto, maravillosa psicóloga de carne y hueso, quien me introdujo en la querida asertividad.

A Benito Baranda, por la entrega incondicional de su valioso tiempo desde la época de mi práctica profesional hasta la actualidad.

A mis queridos alumnos, que me han permitido ir acumulando experiencias vicarias. A ellos les agradezco profundamente el haberme confiado el valioso tesoro de sus confidencias, intimidades, inhibiciones, temores, así como sus logros, mejoras y triunfos personales en sus vidas.

Reconocimientos especiales

A Marietta Radnic, amiga periodista, que me ha ayudado en la redacción del presente libro.

A Jenny Contente, diseñadora gráfica, que me aportó su creatividad y delicadeza.

www.ingramcontent.com/pod-product-compliance
Lightning Source LLC
Chambersburg PA
CBHW070639160426
43194CB00009B/1512